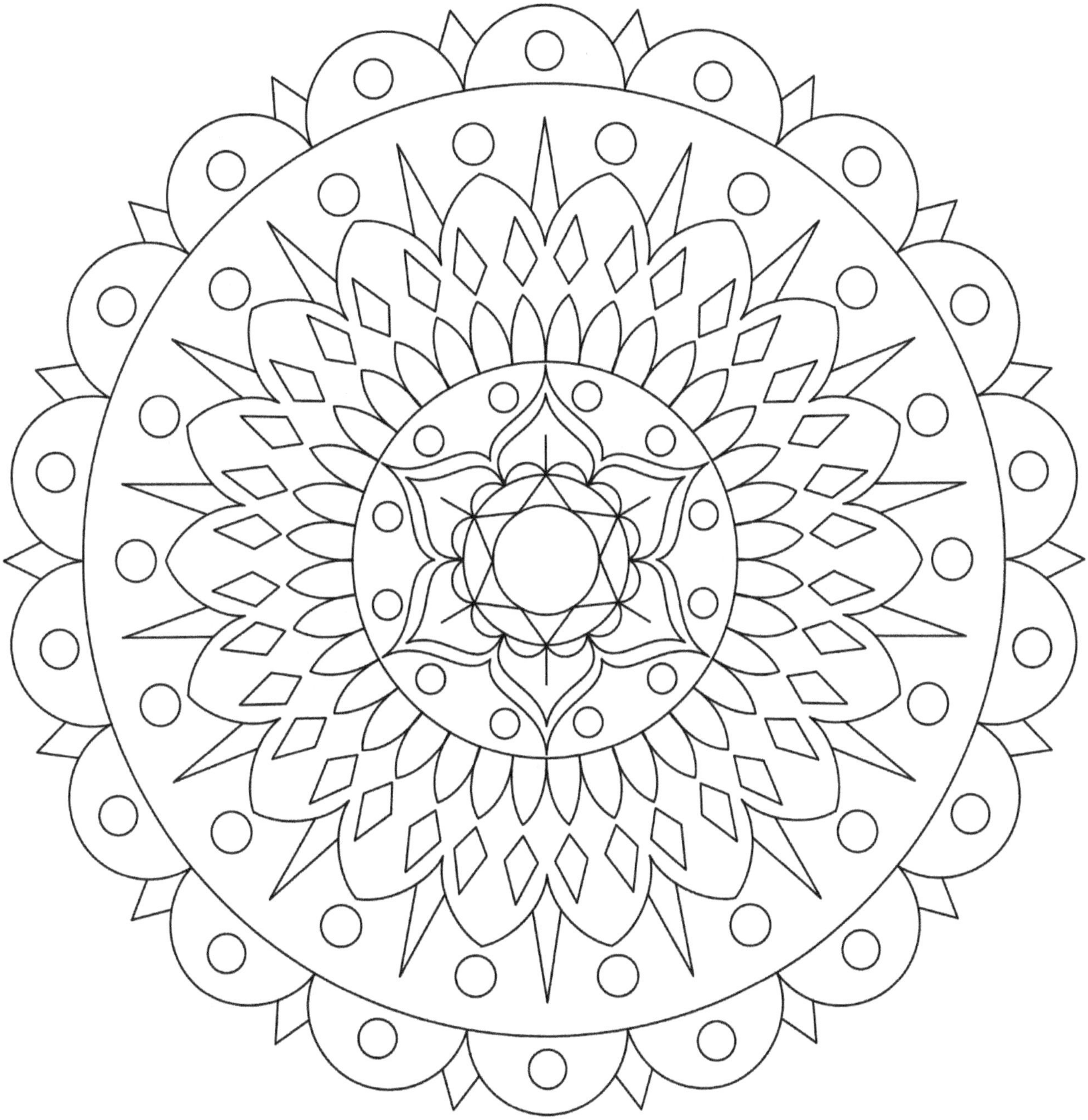

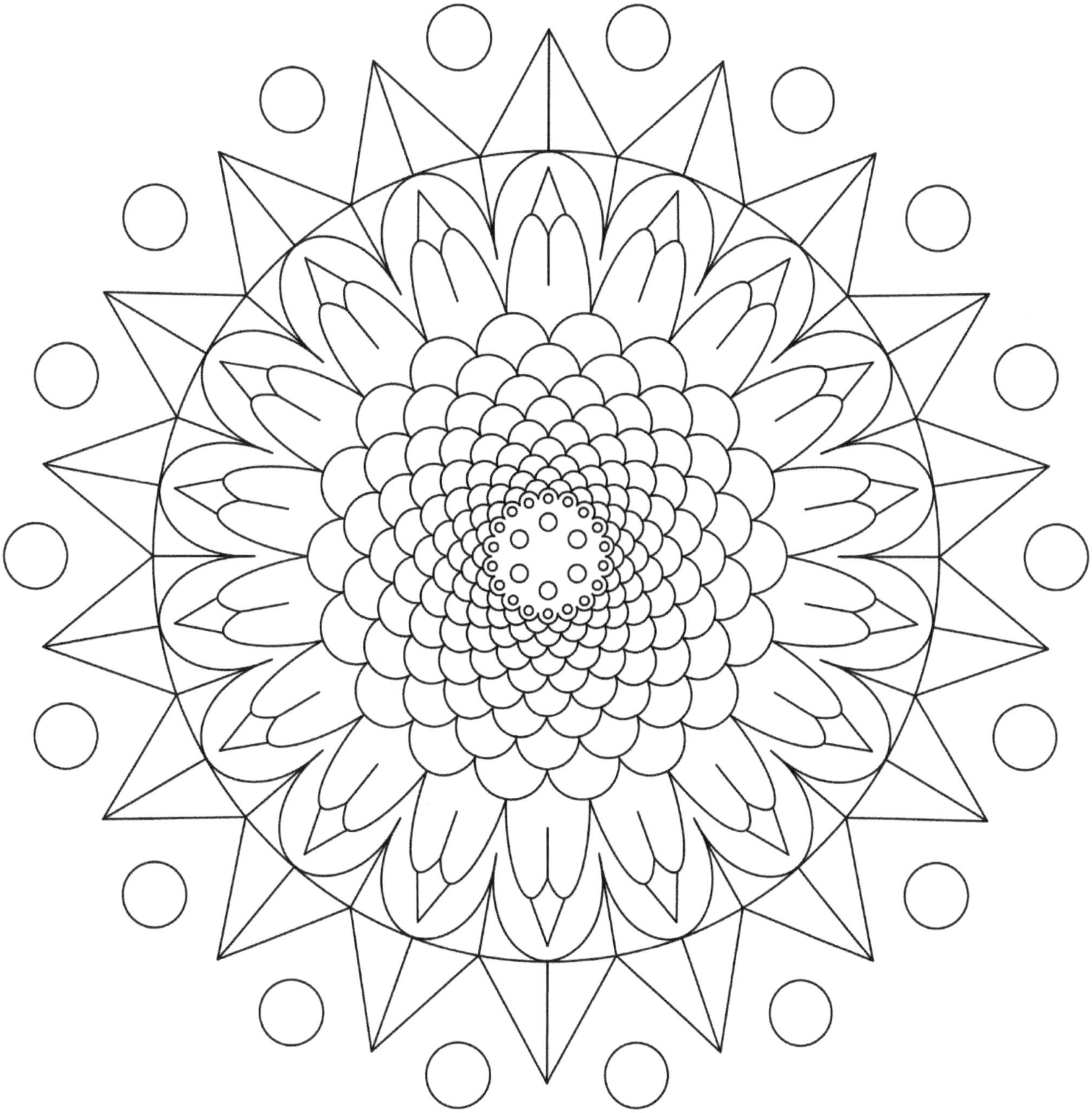

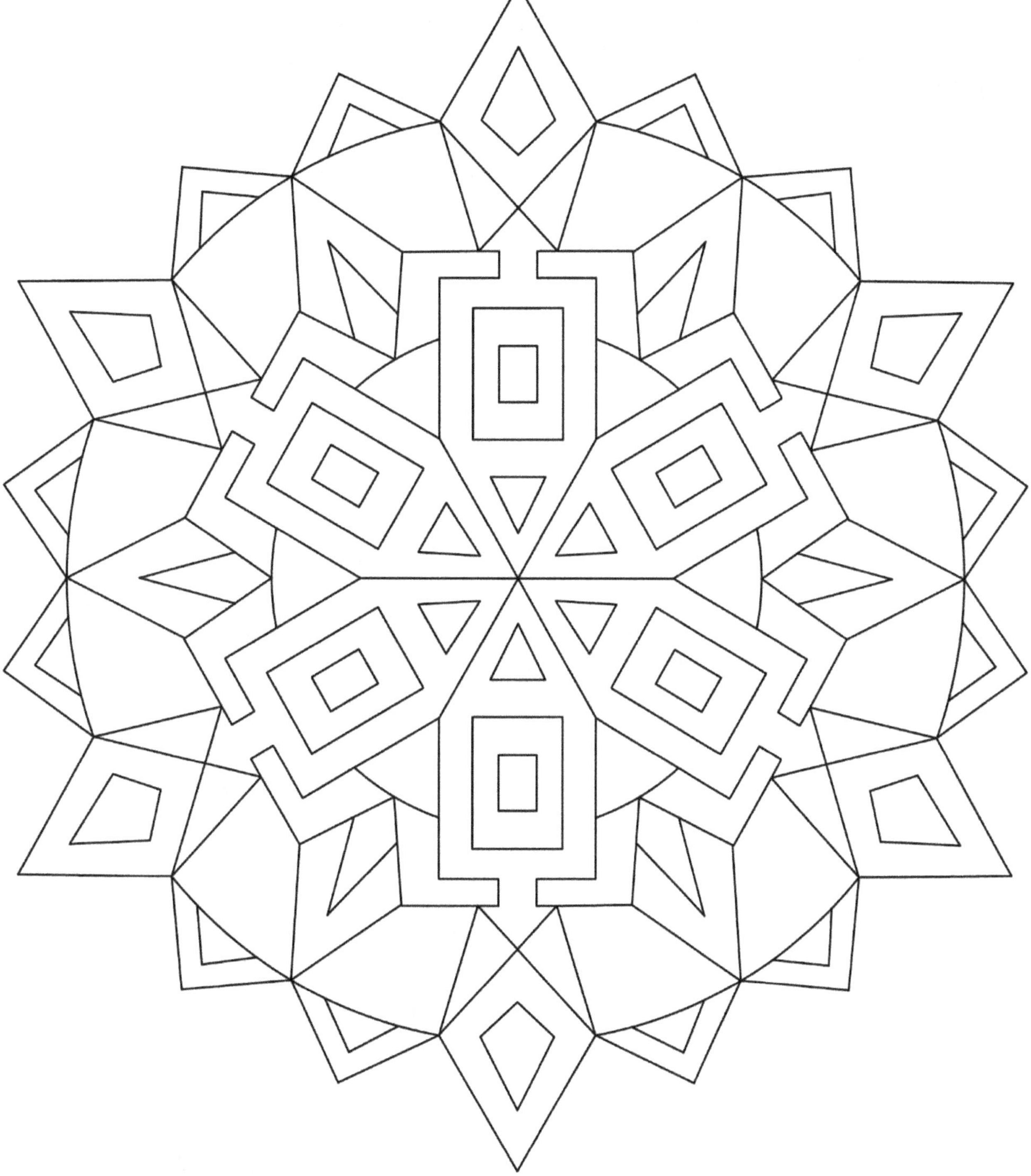

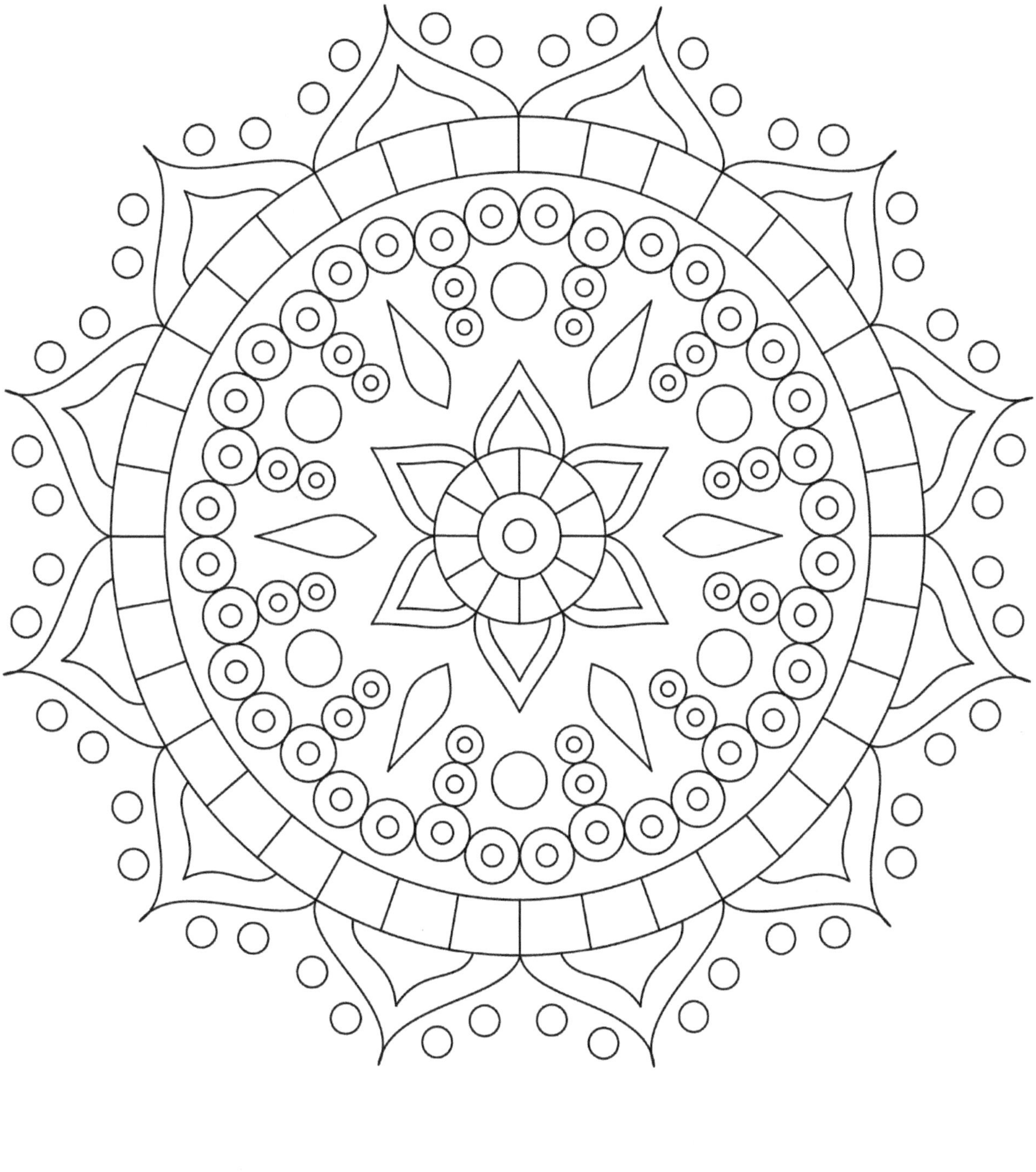

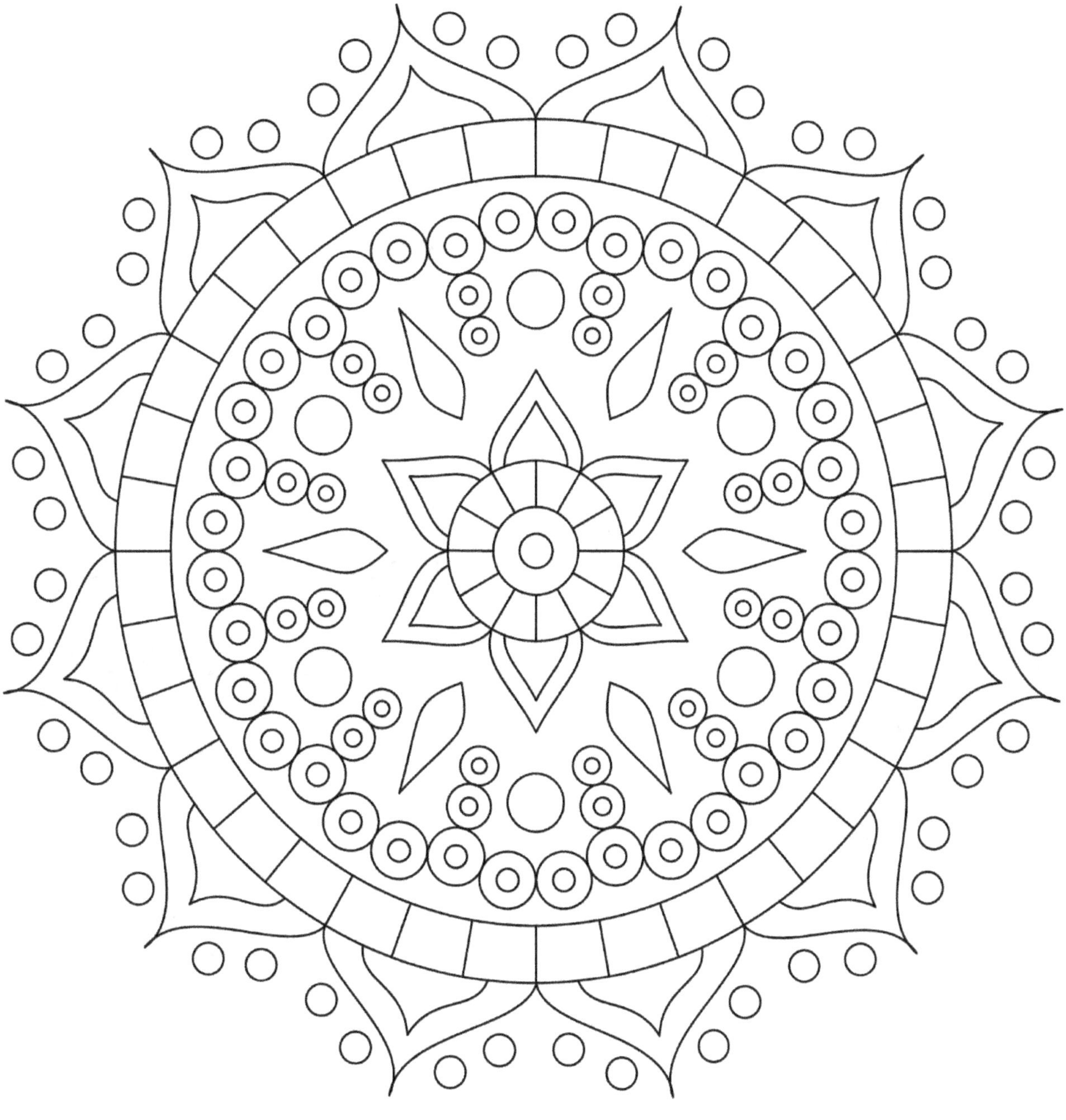

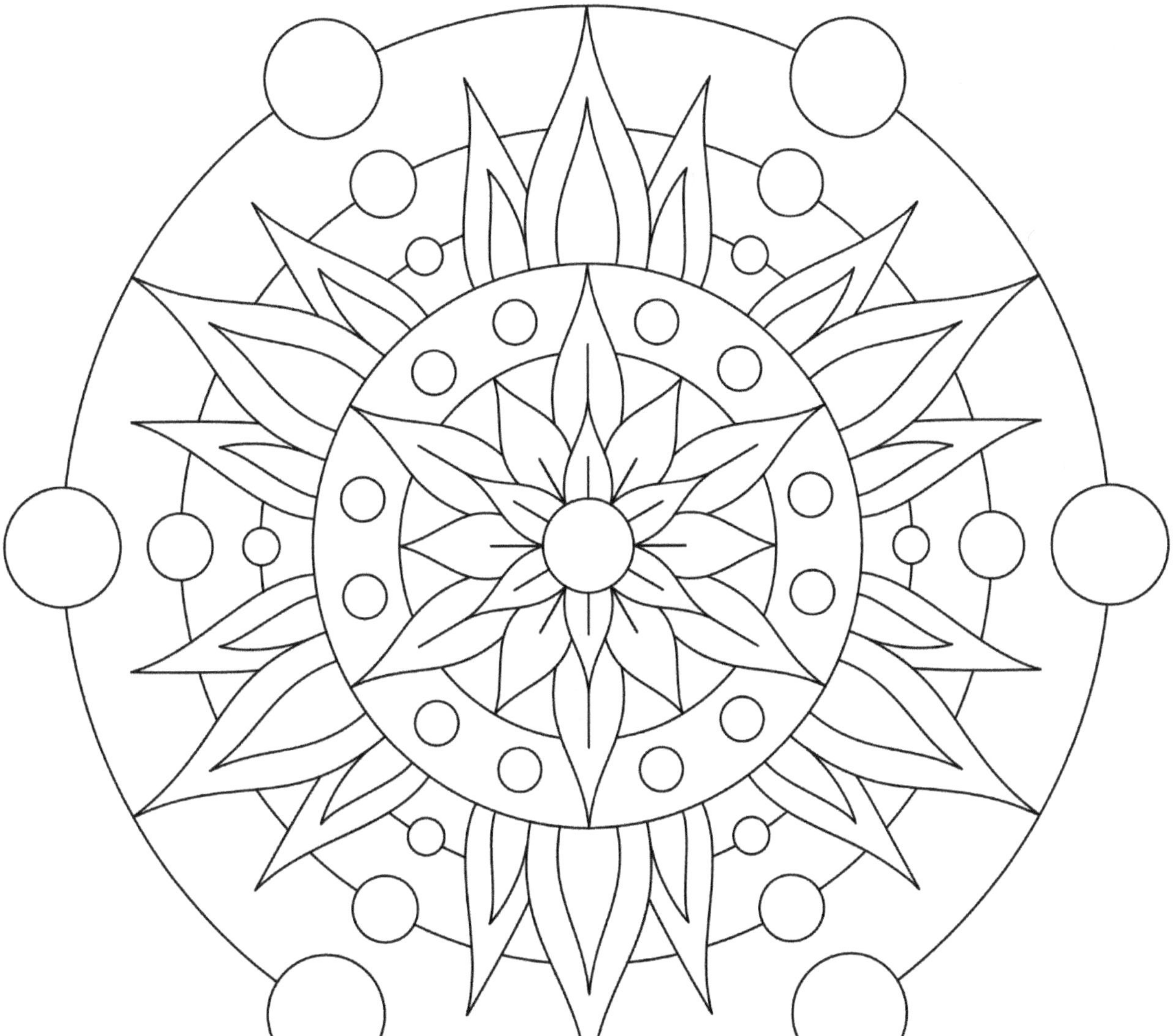

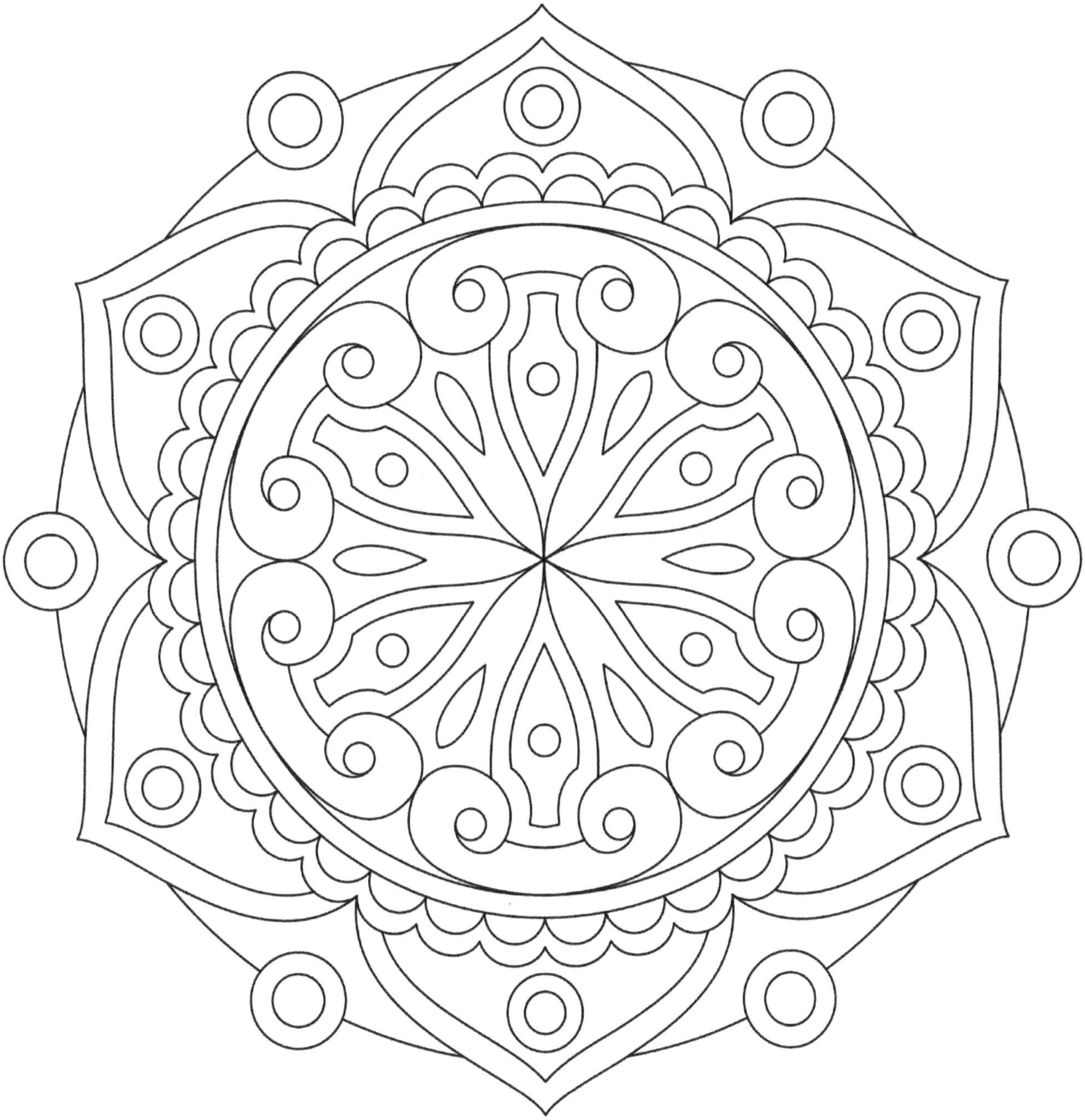

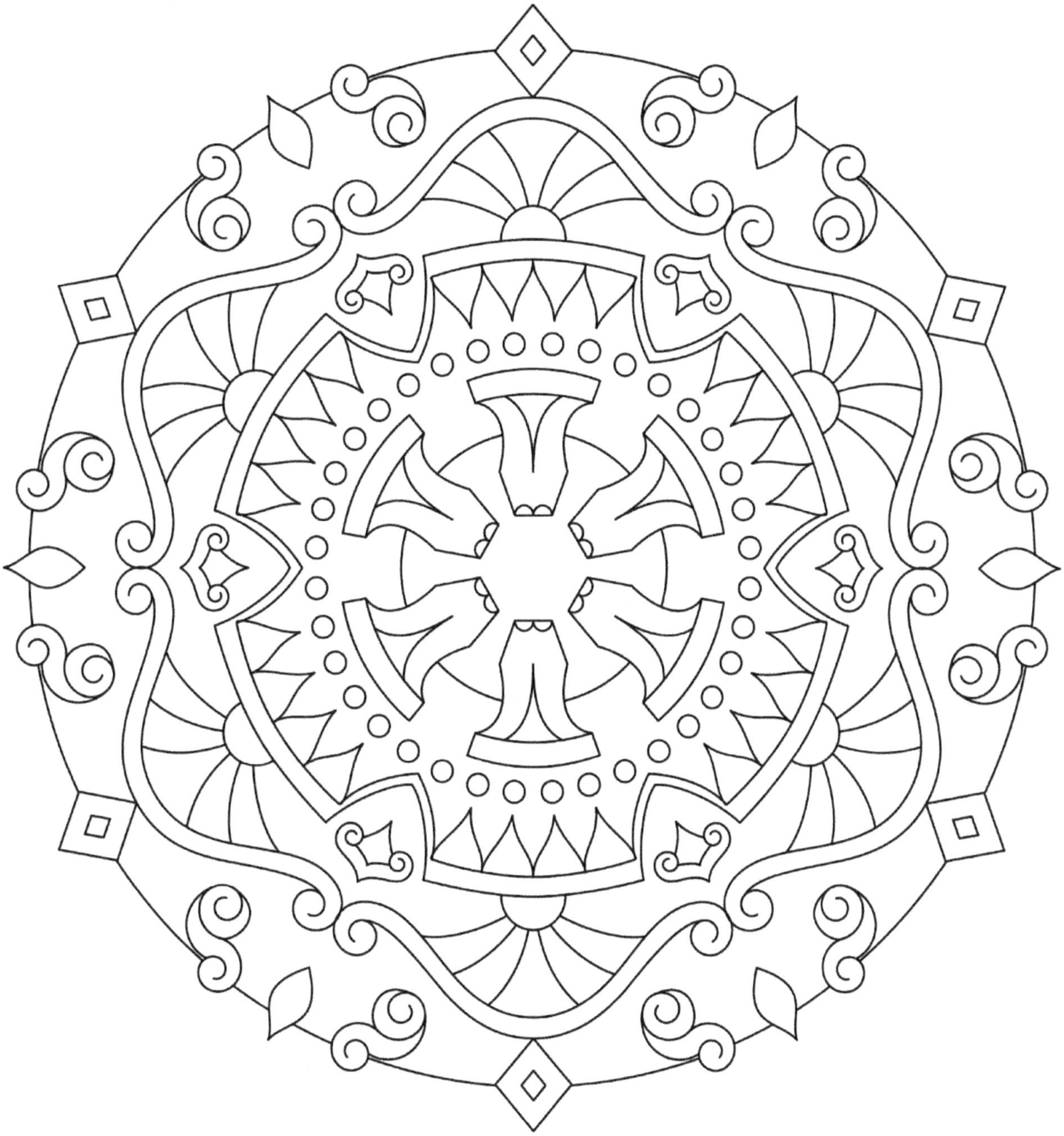

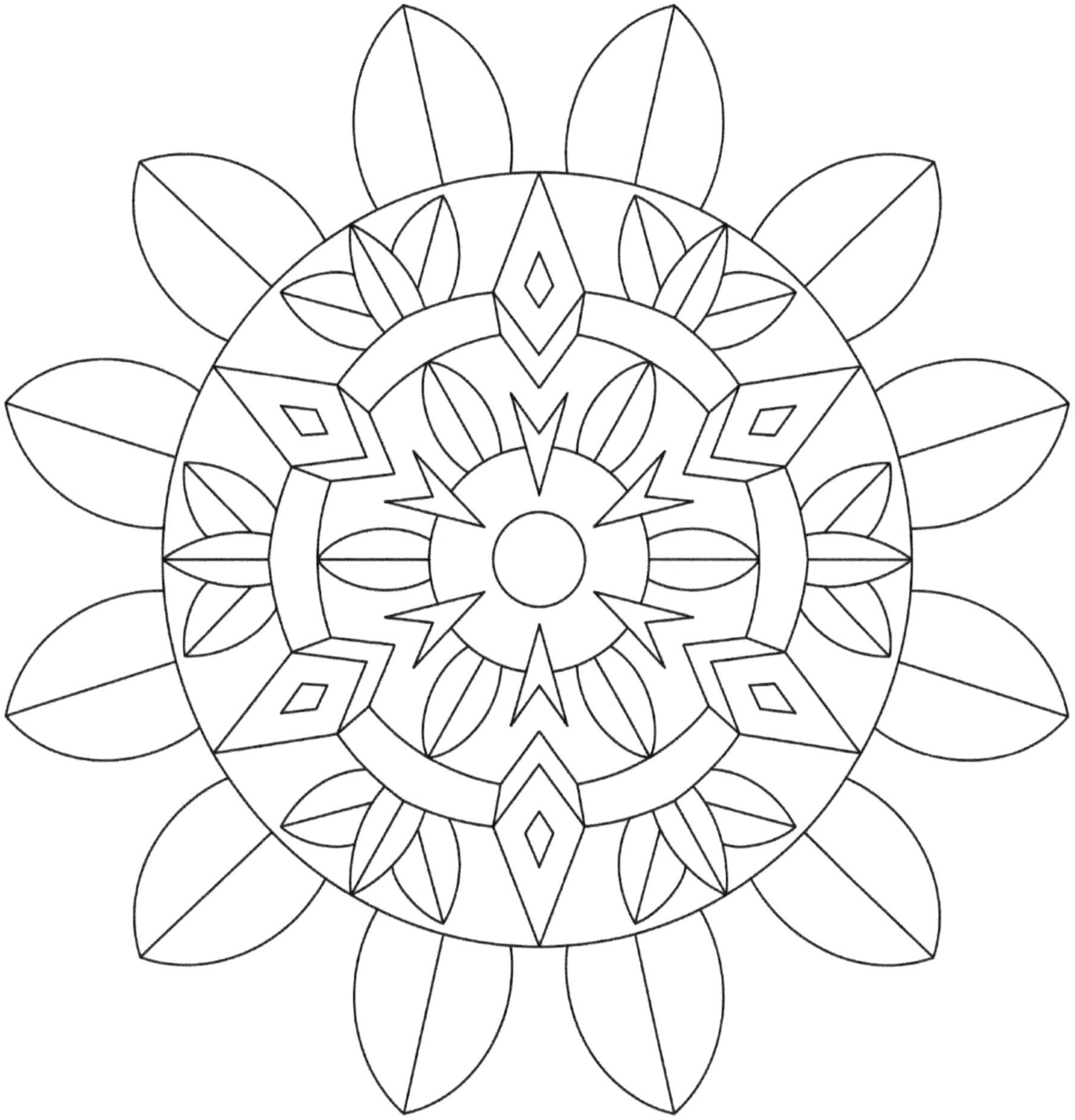

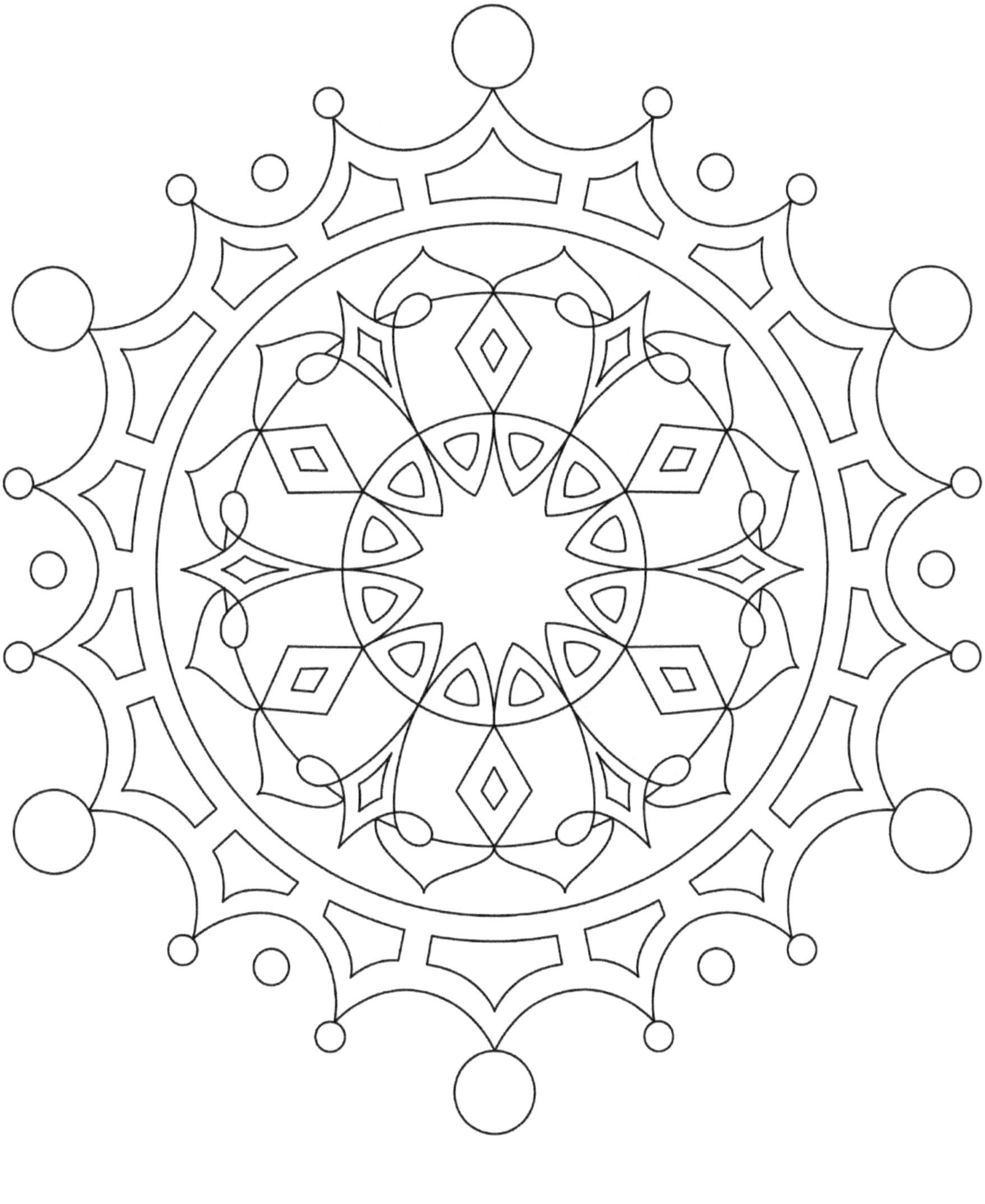

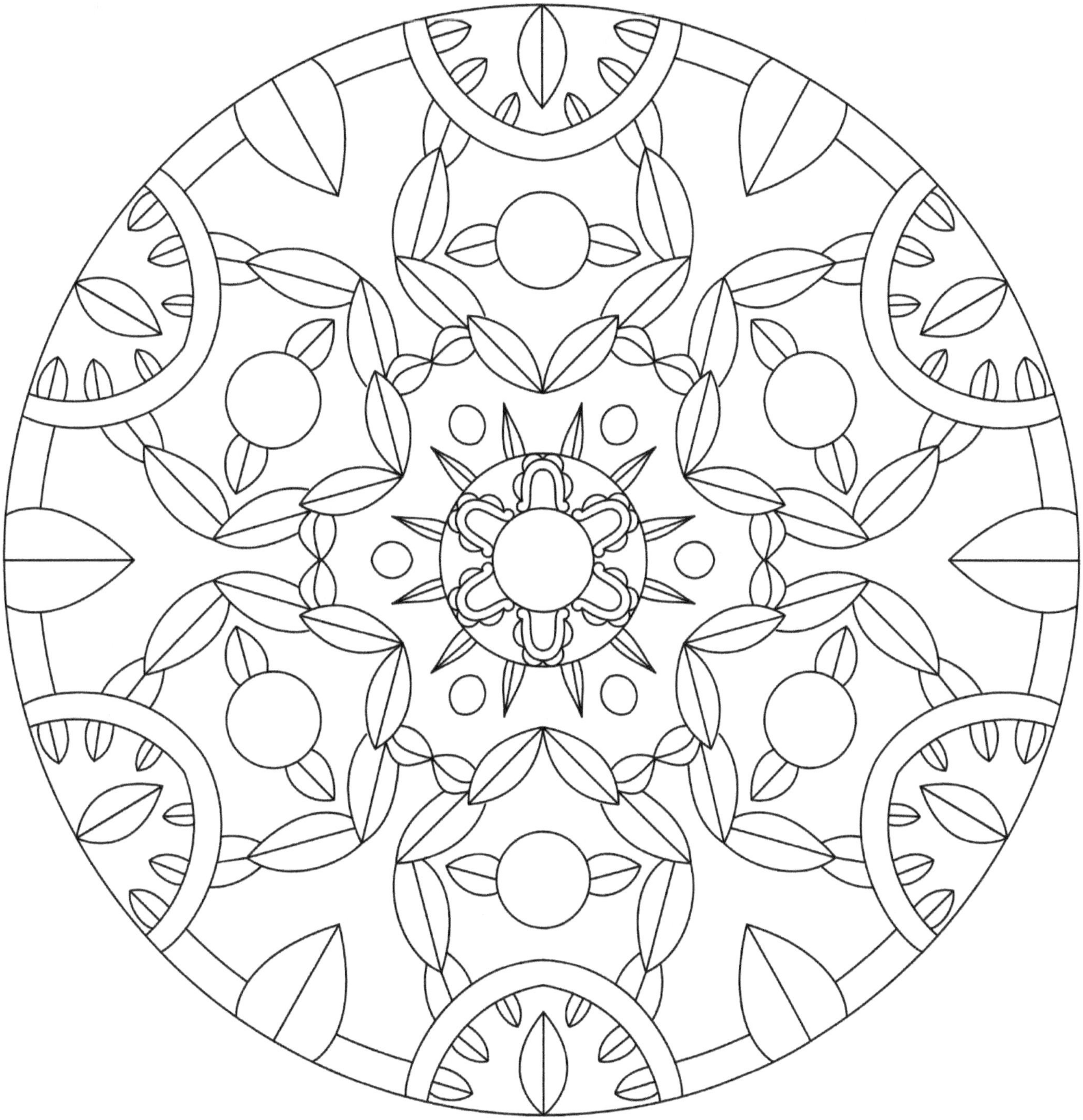

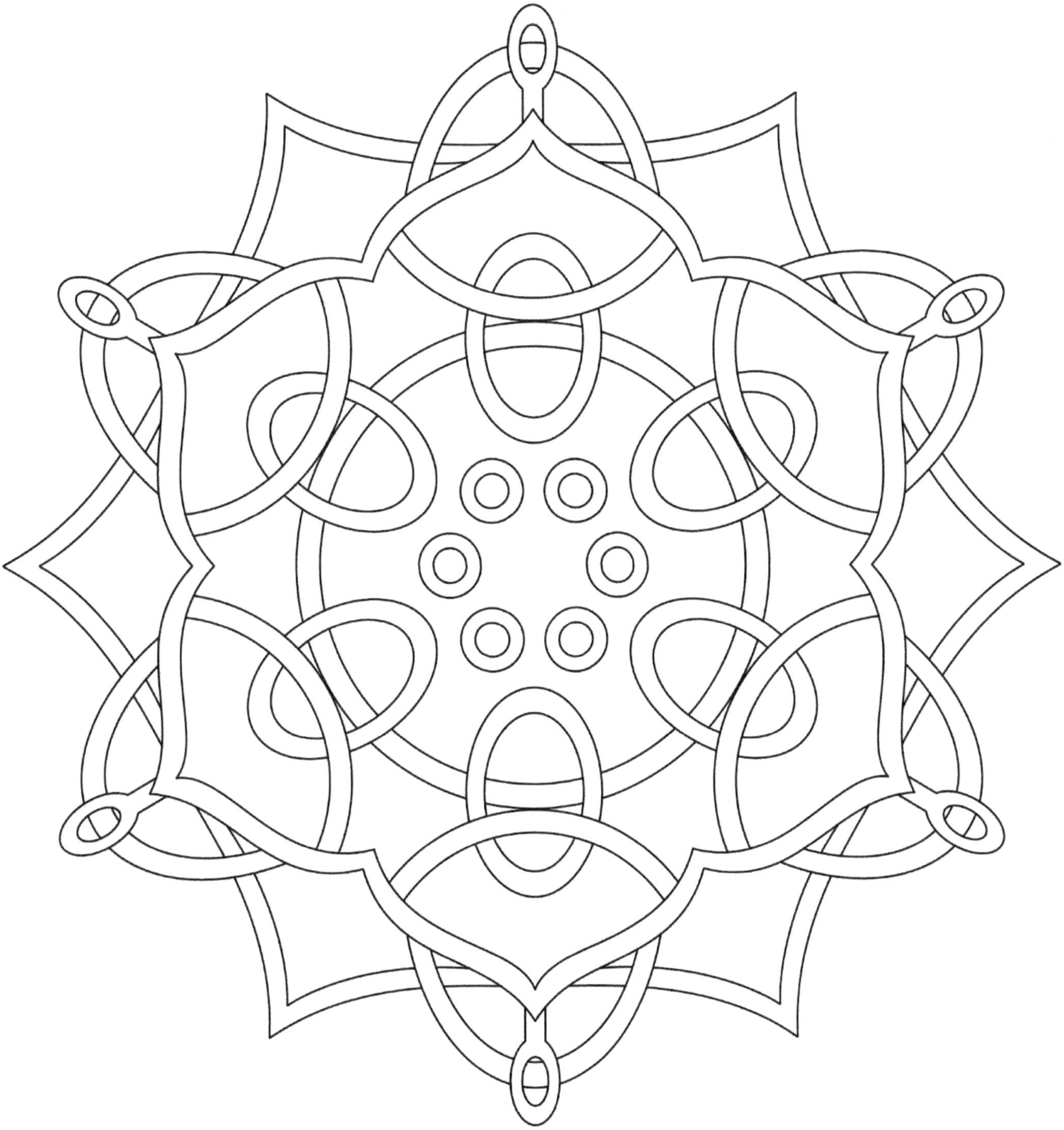

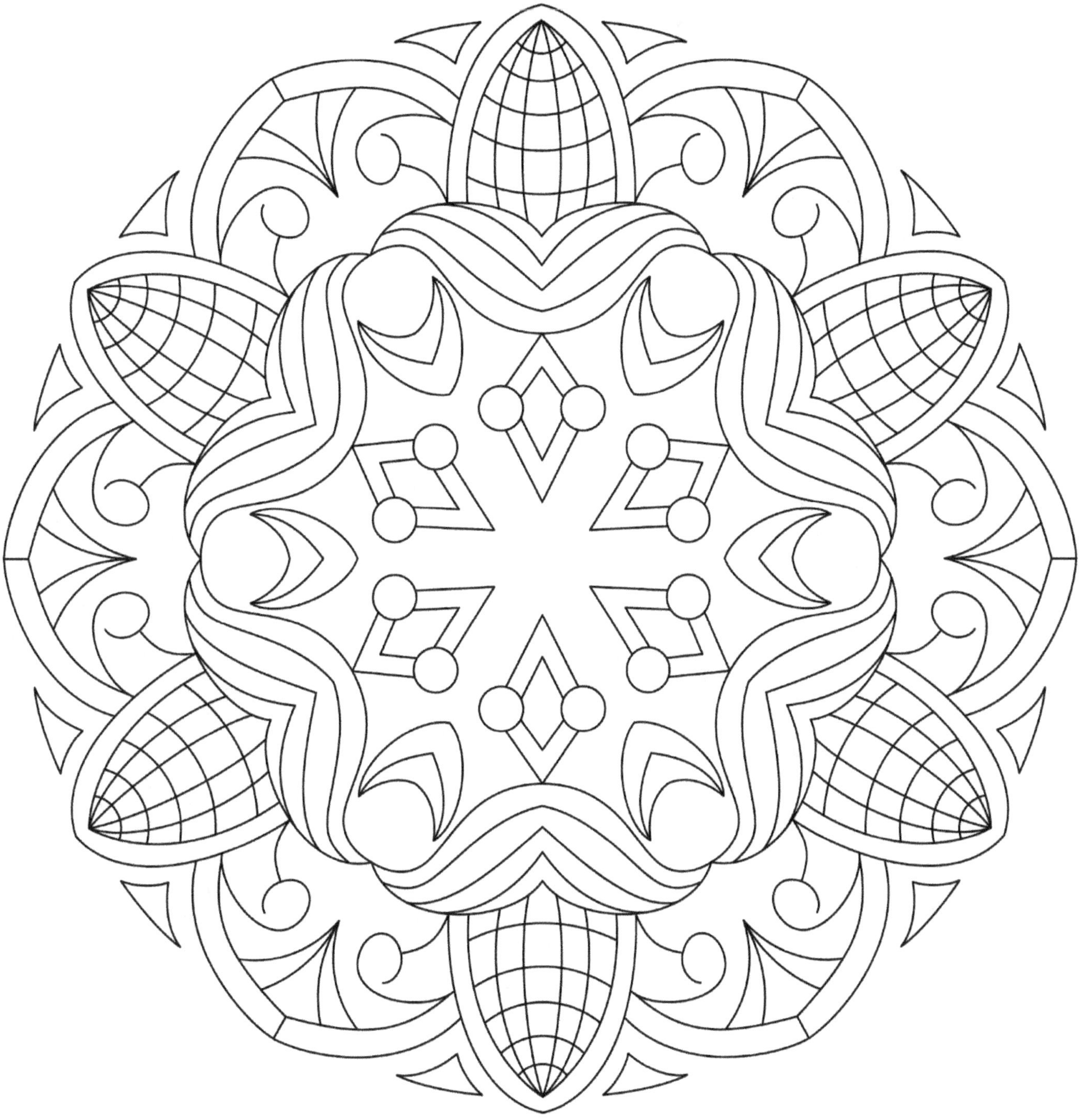

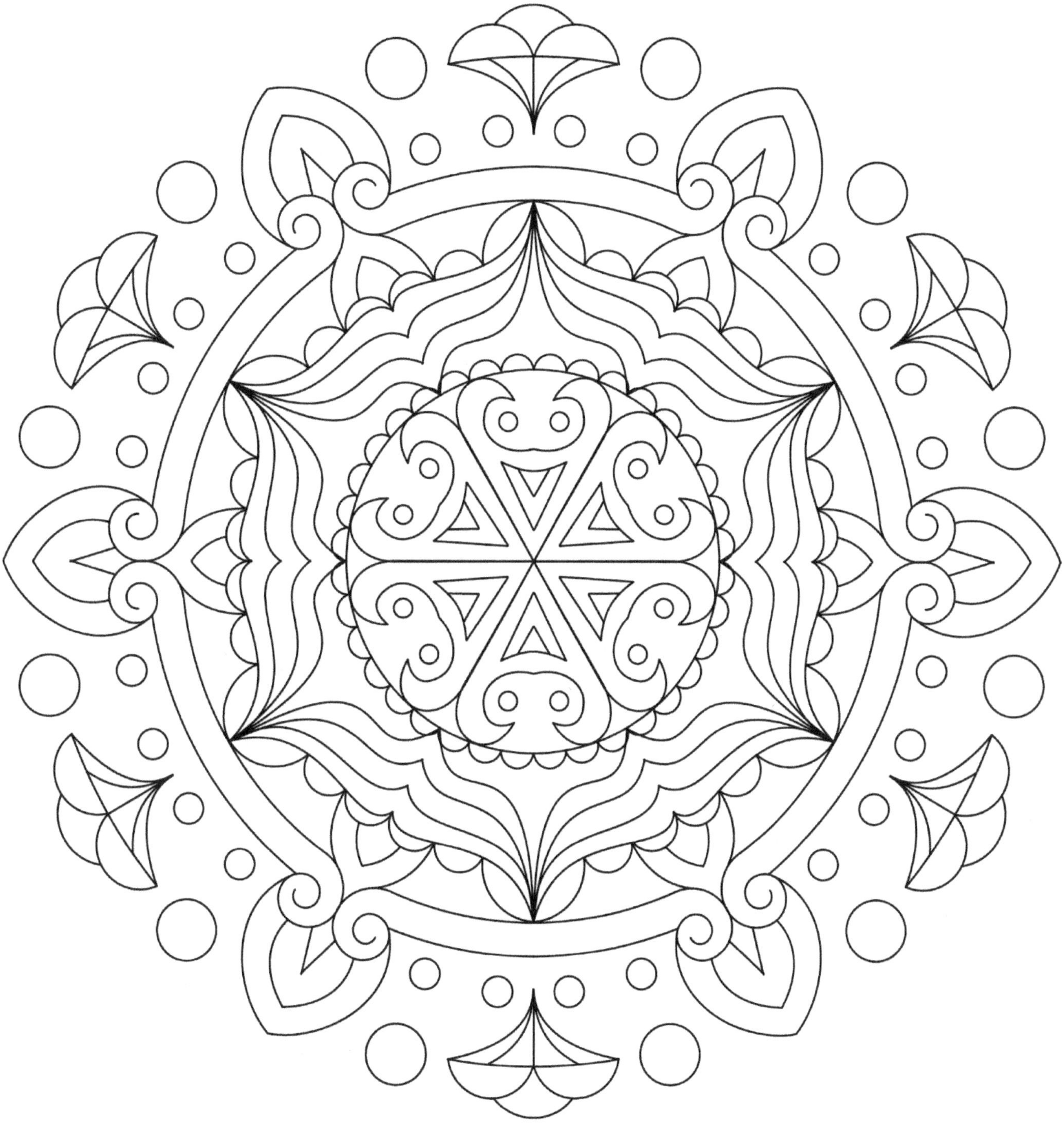

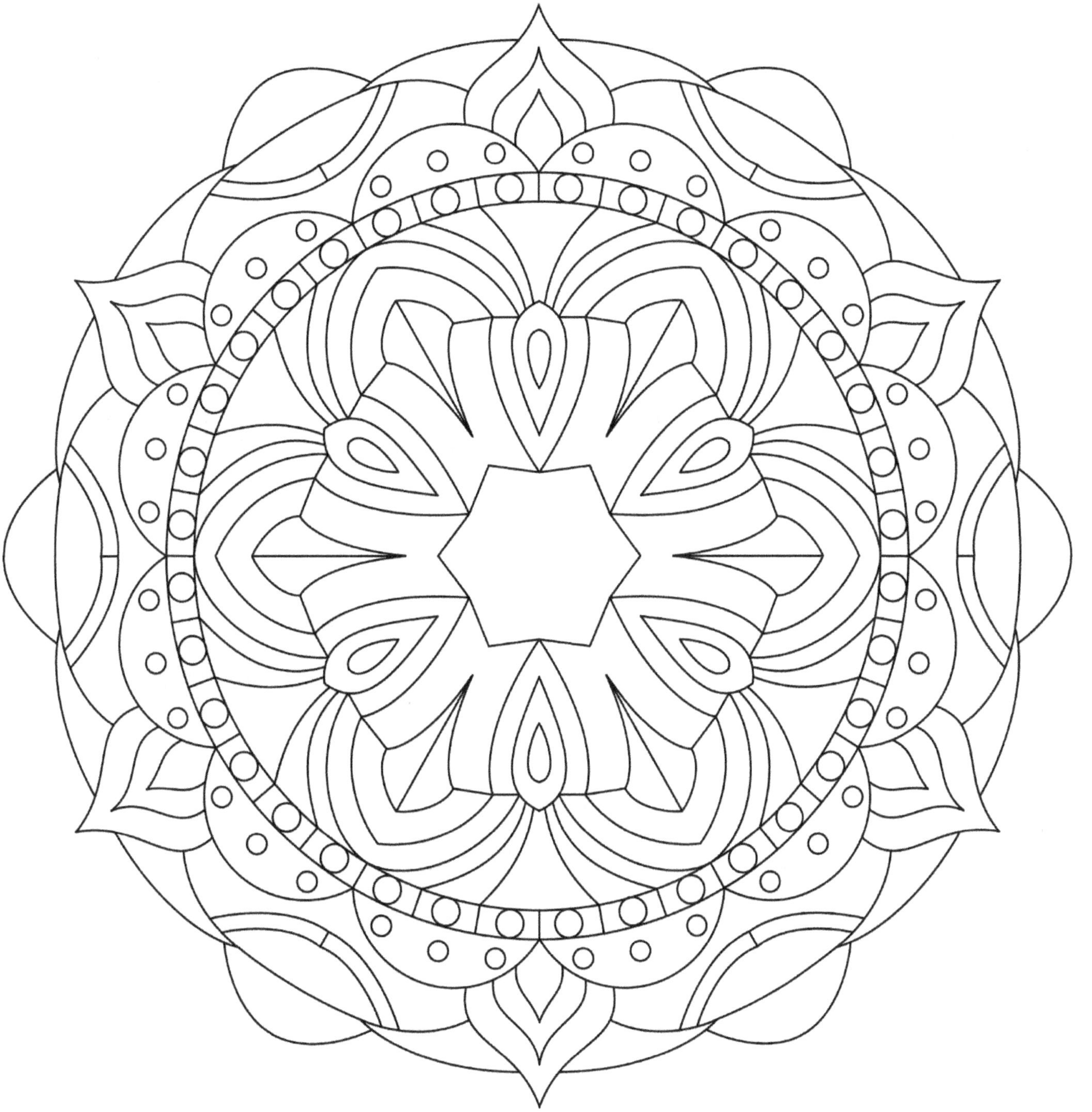

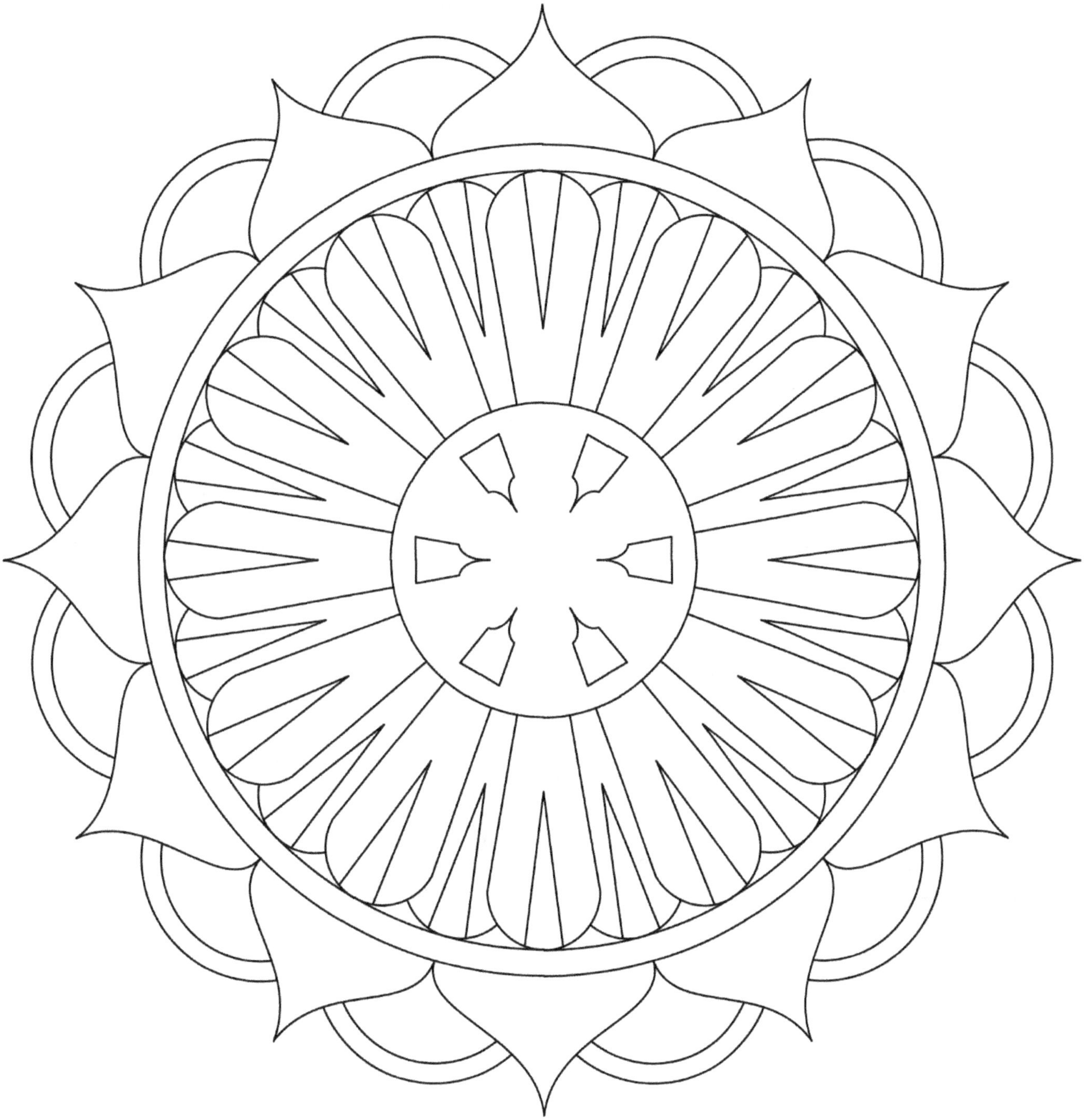

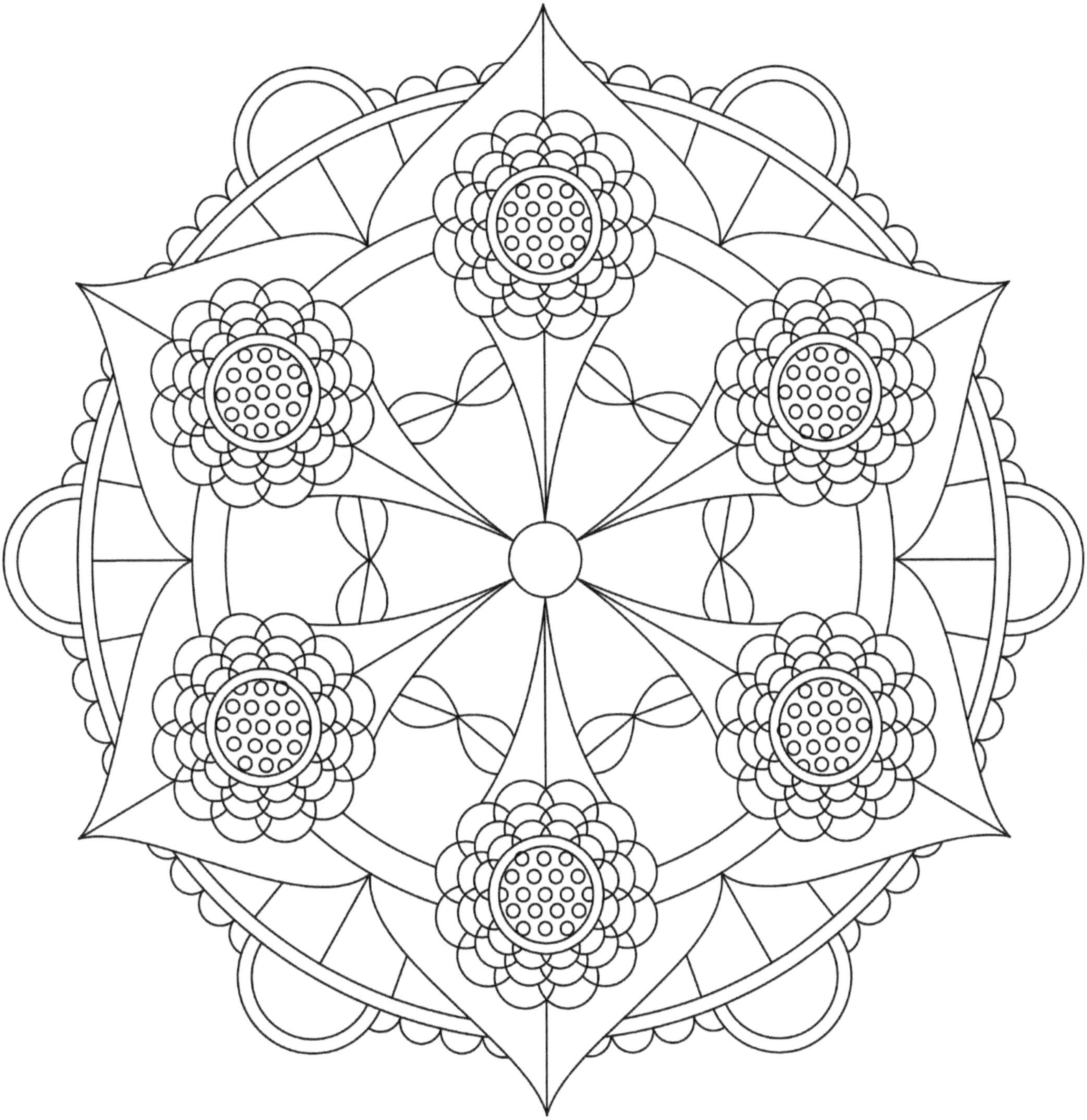

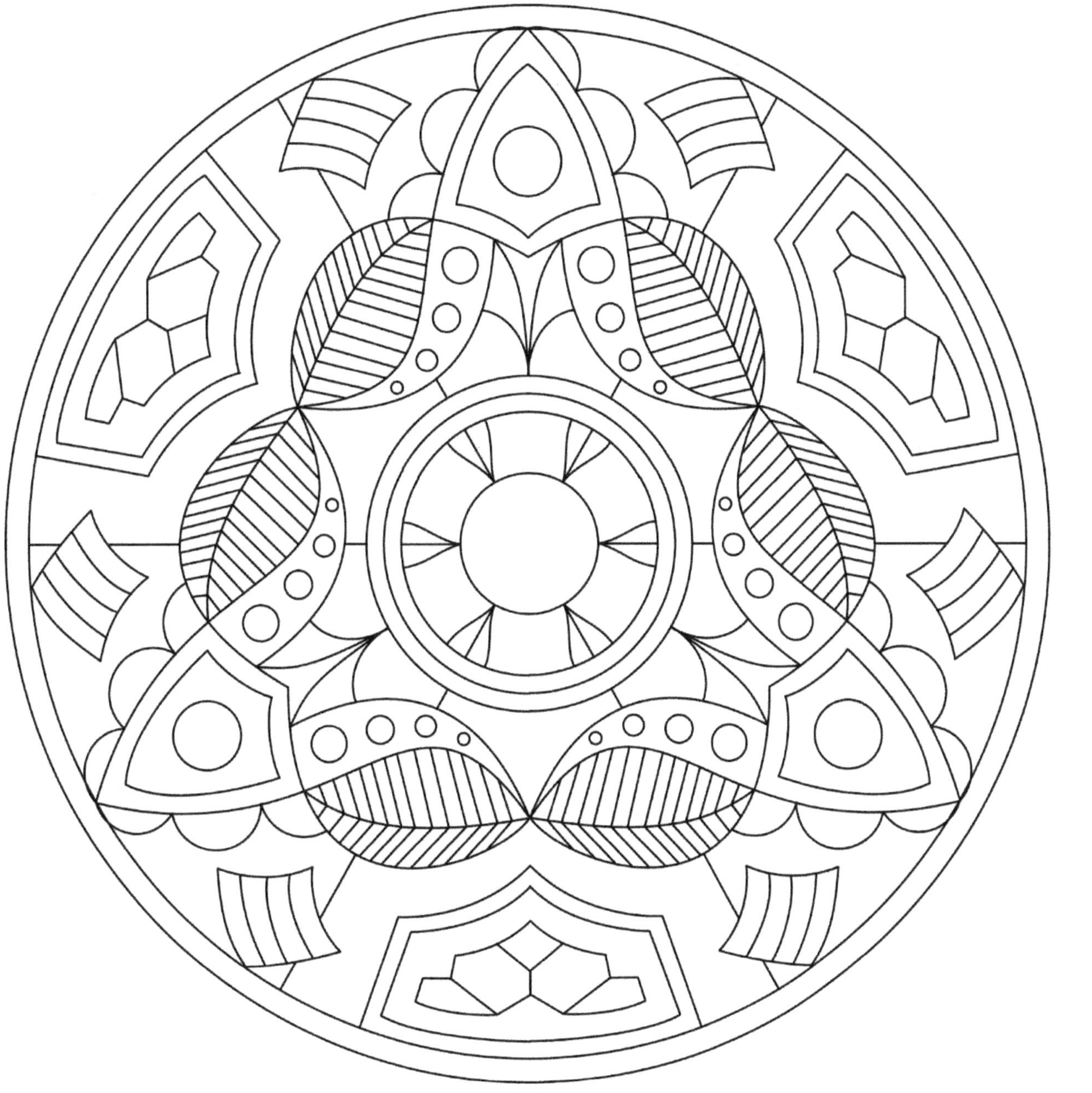

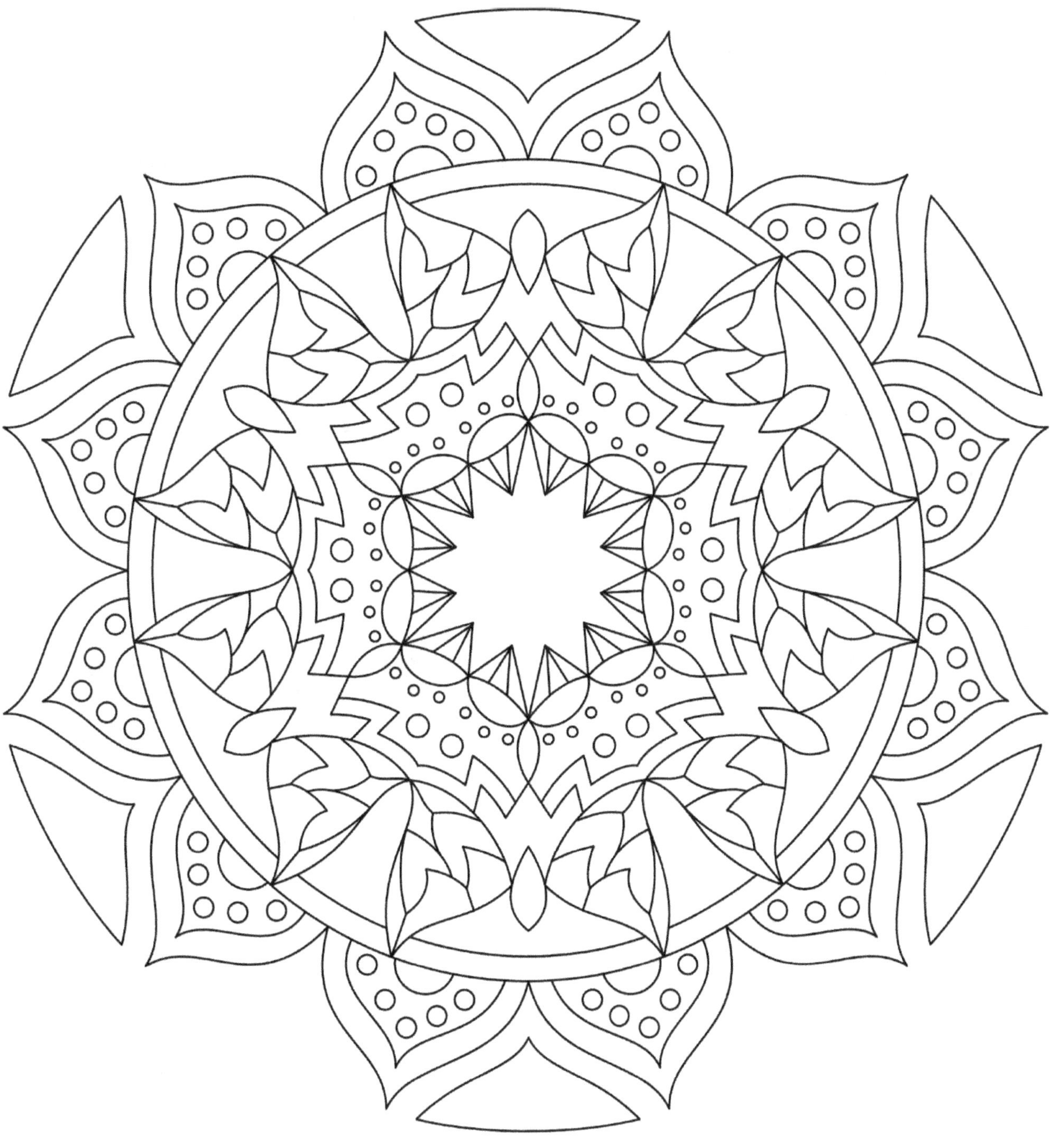

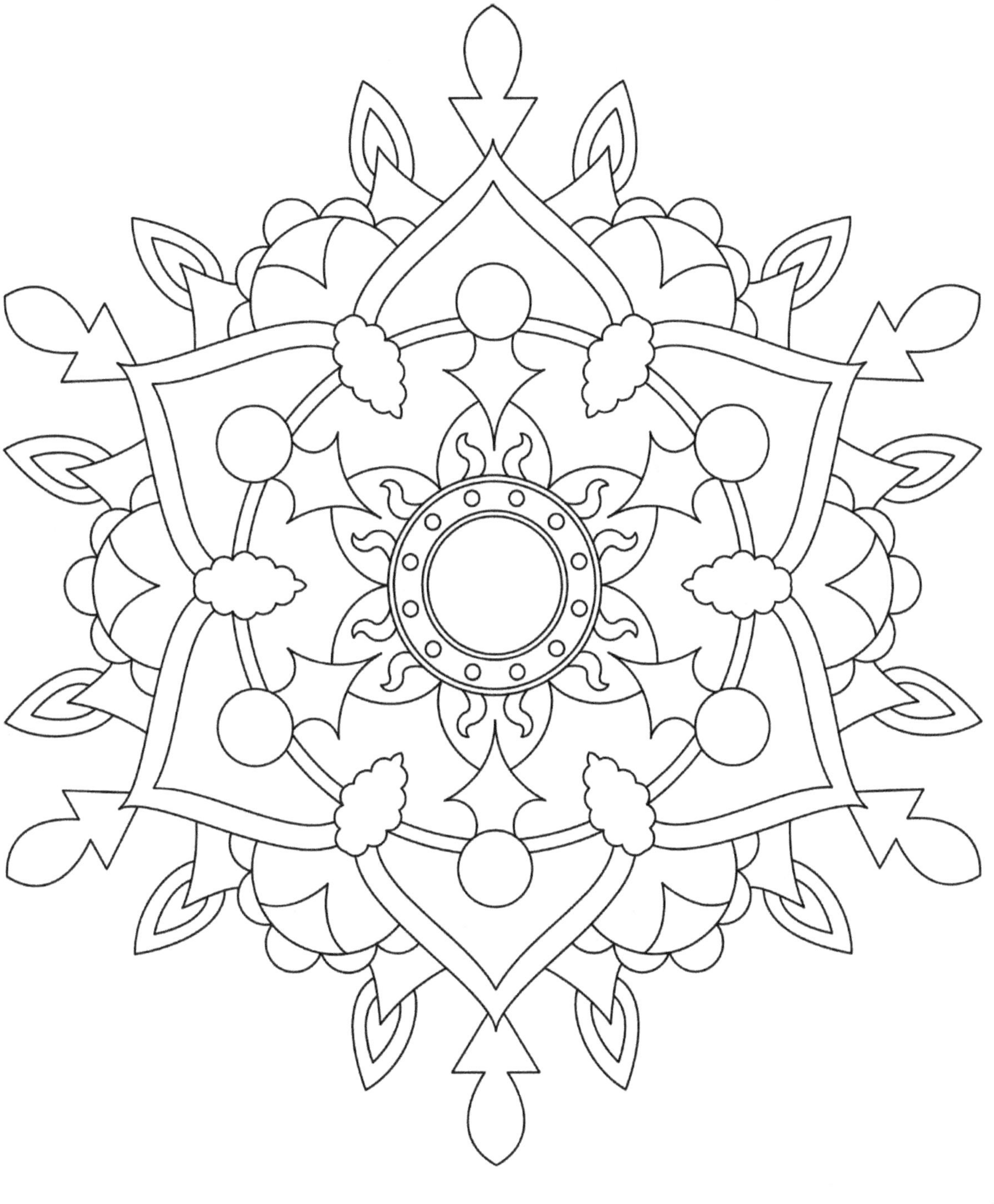

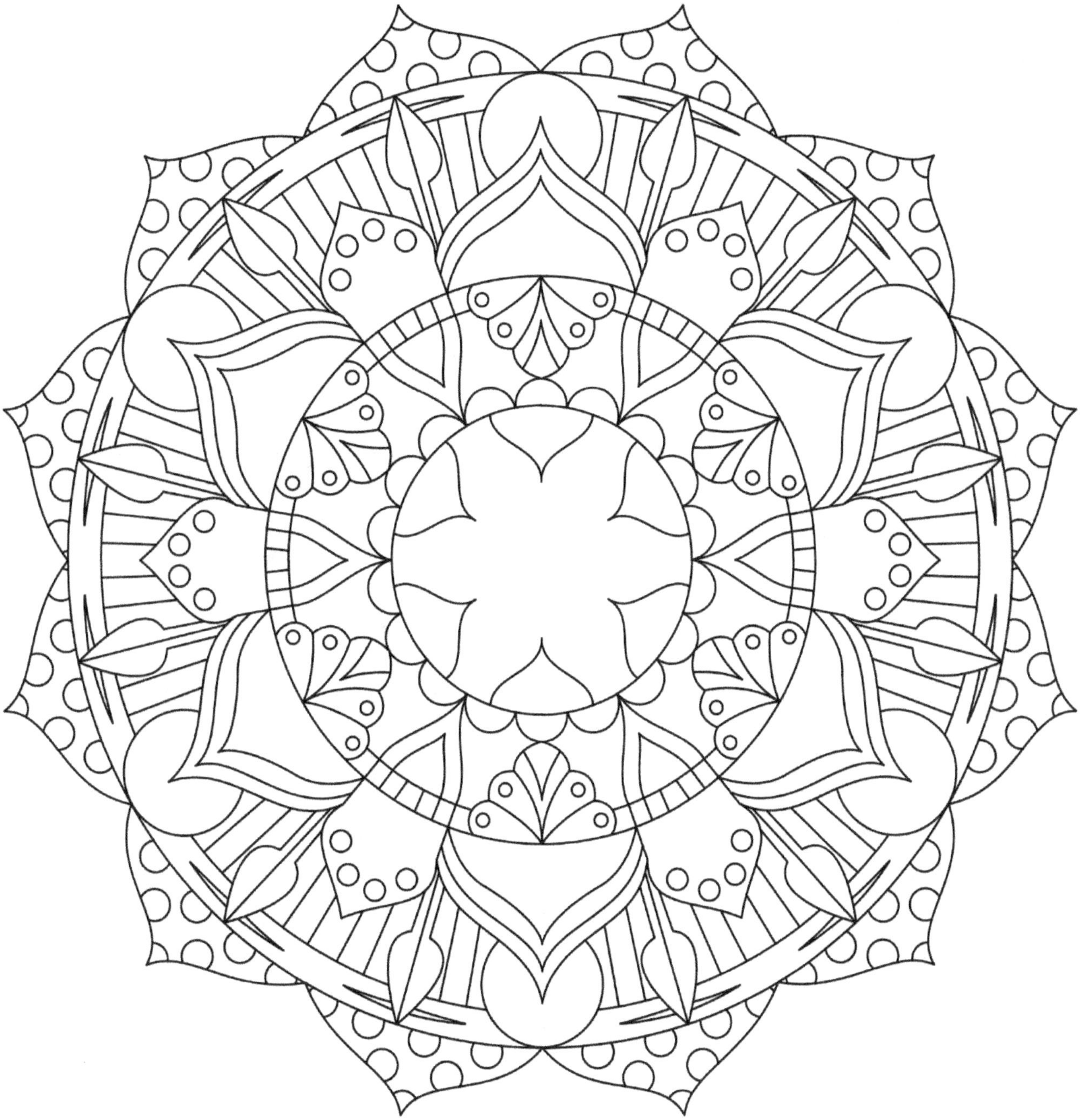

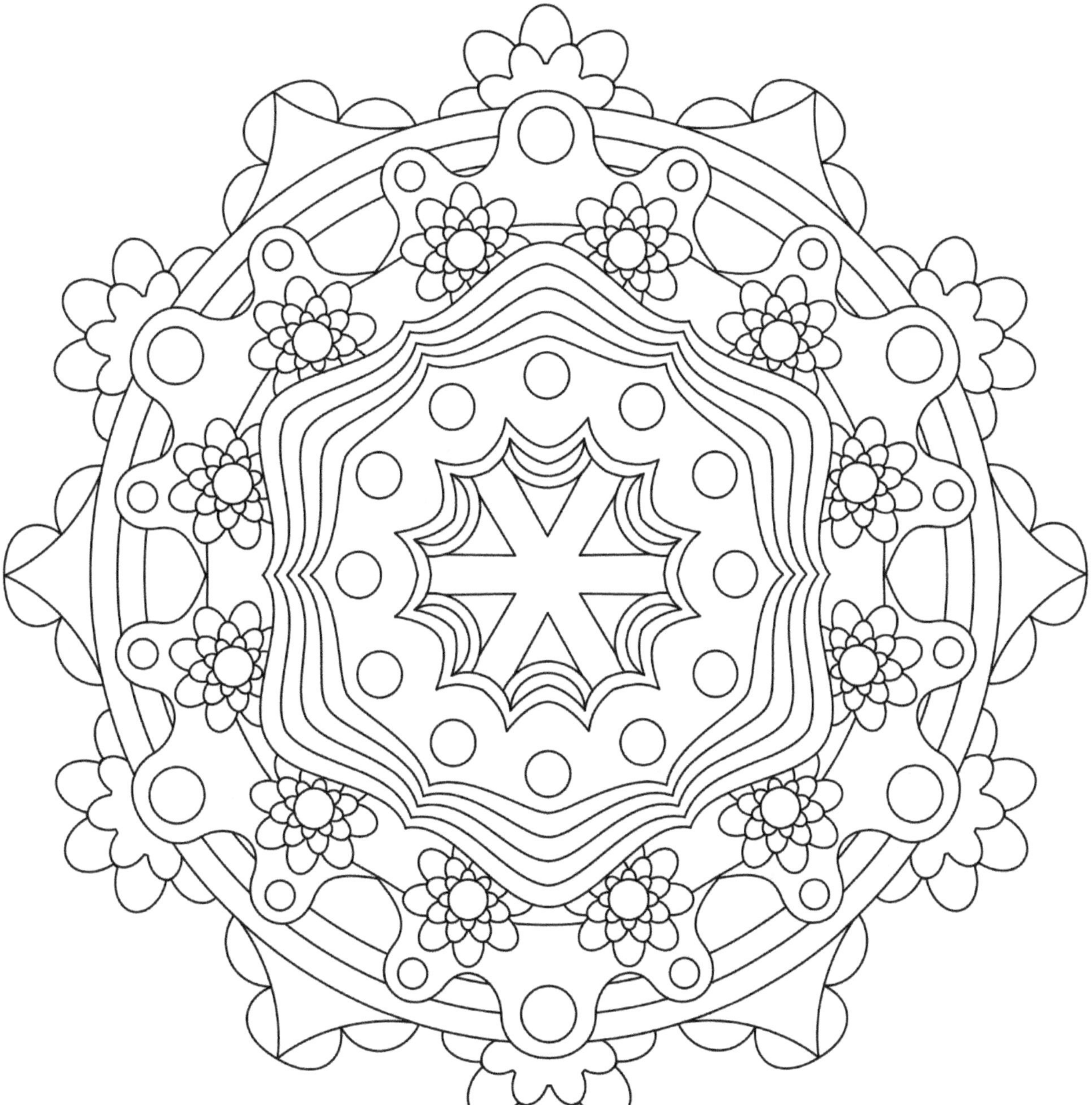

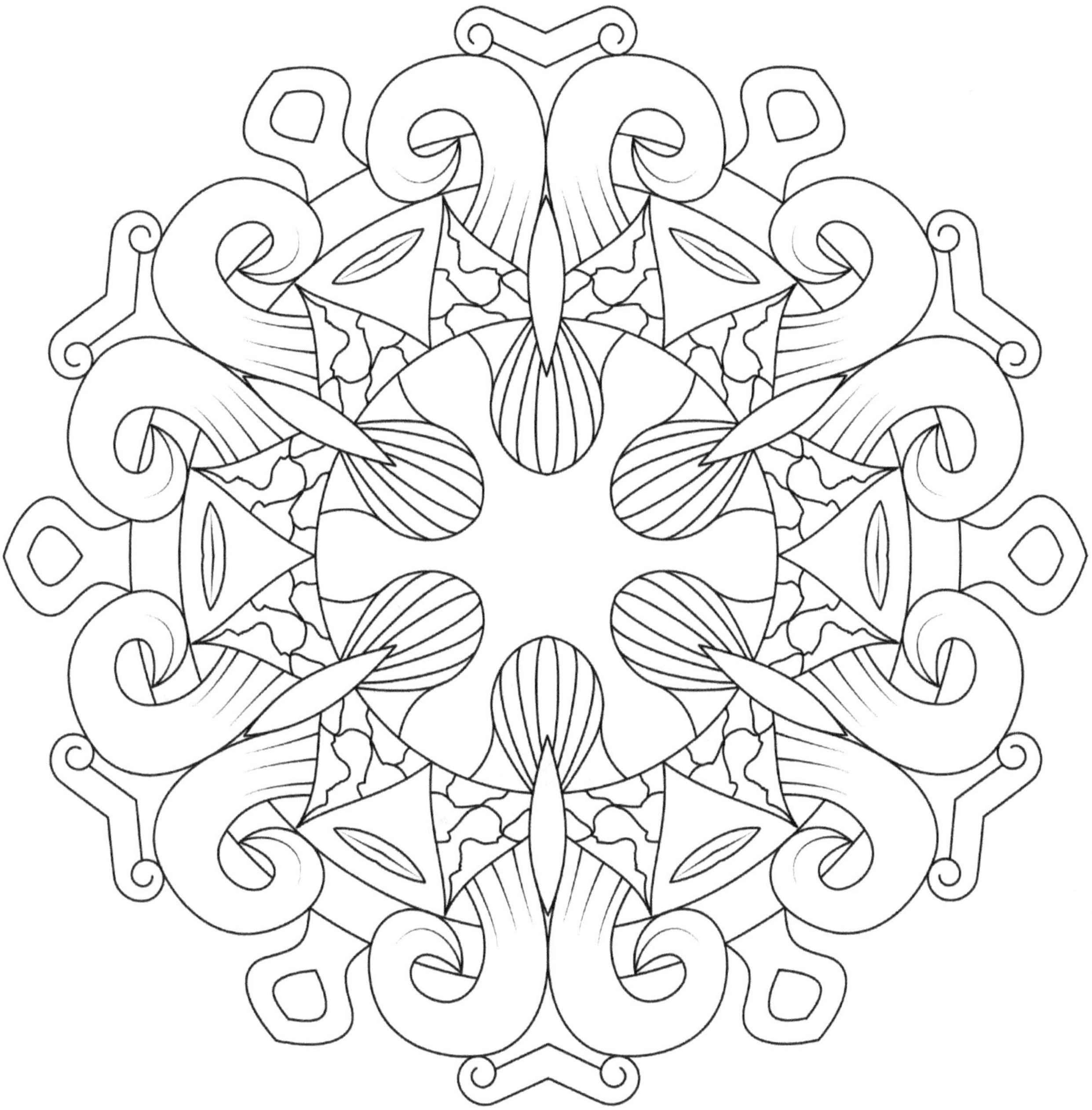

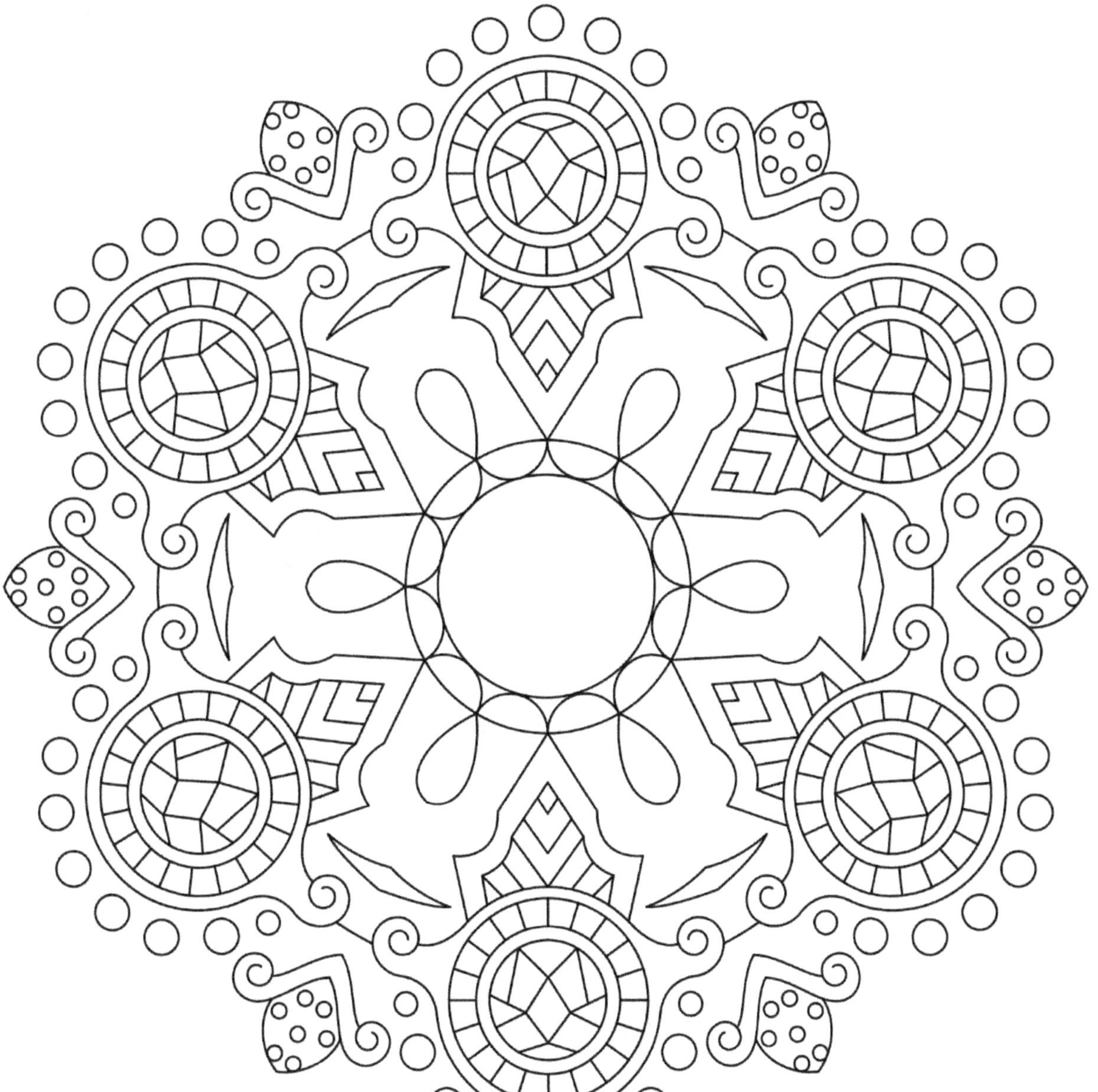

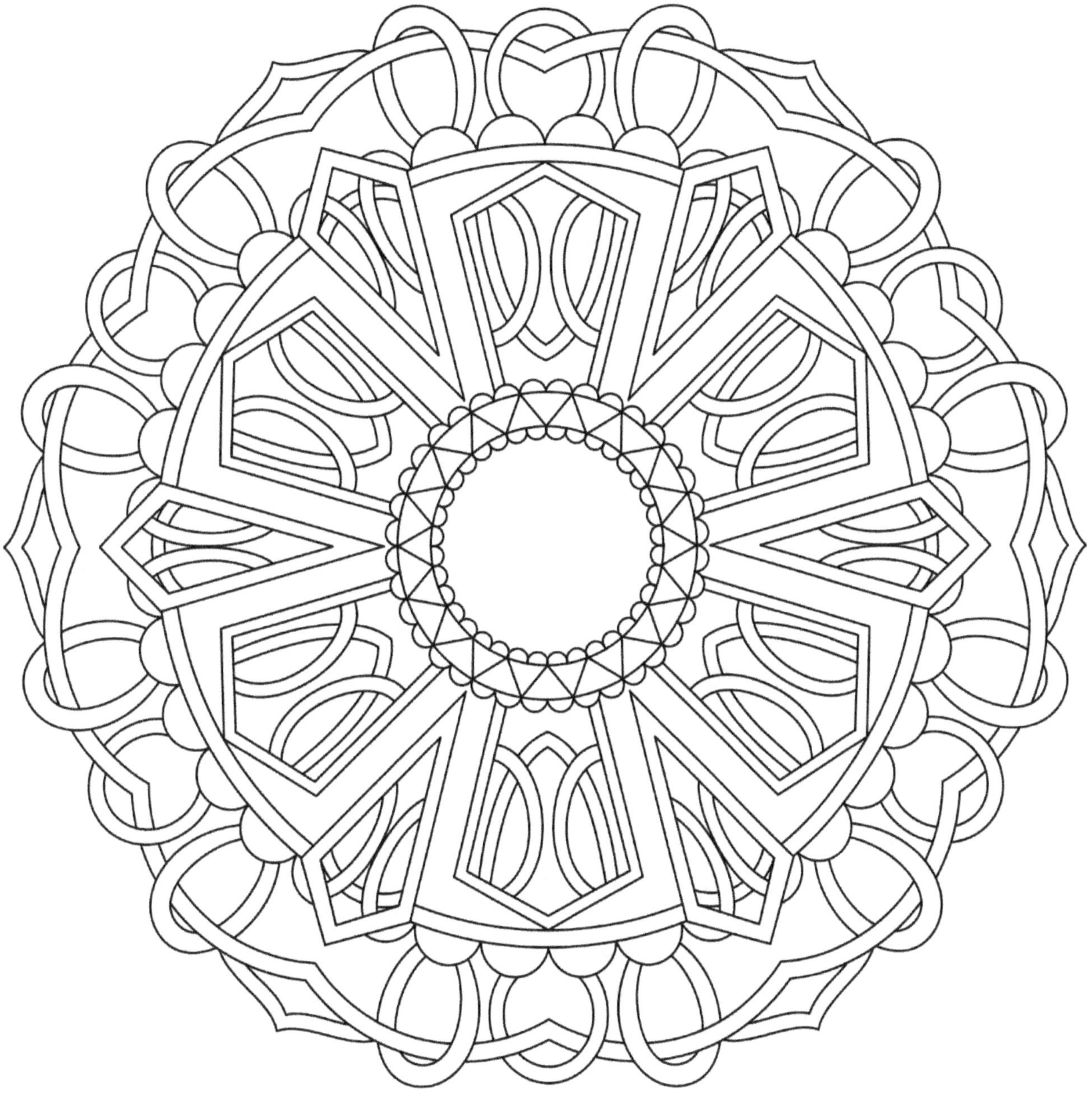

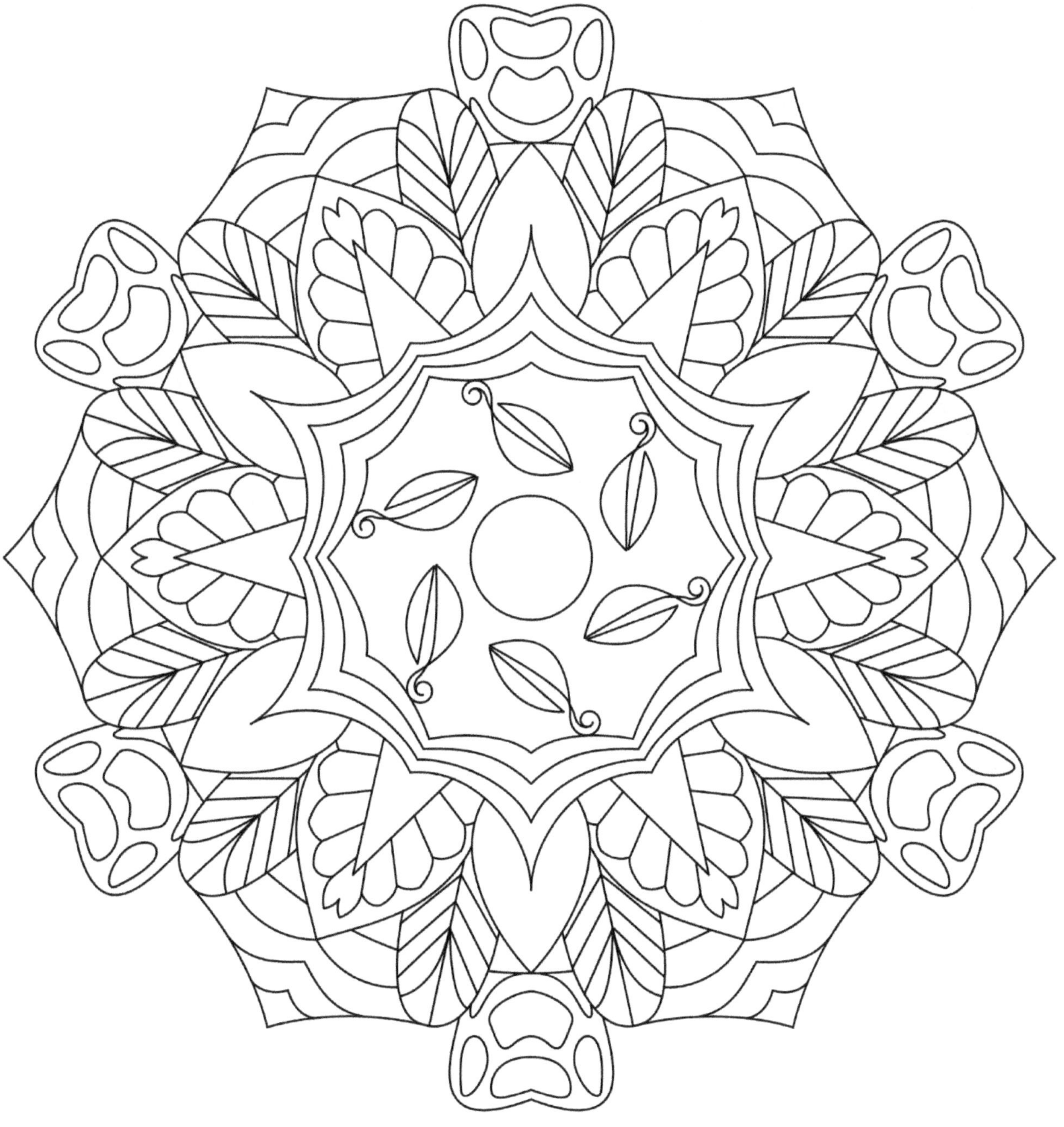

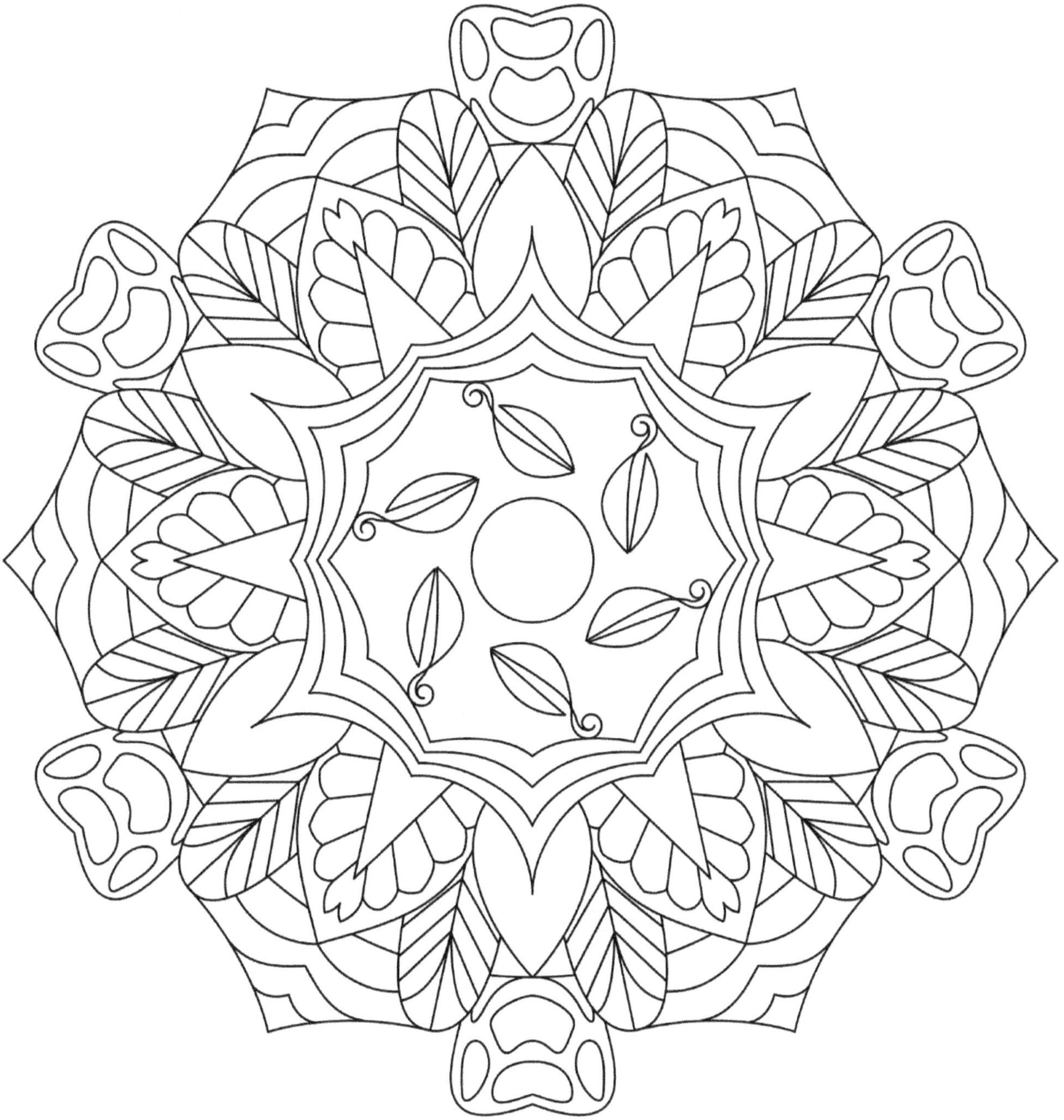

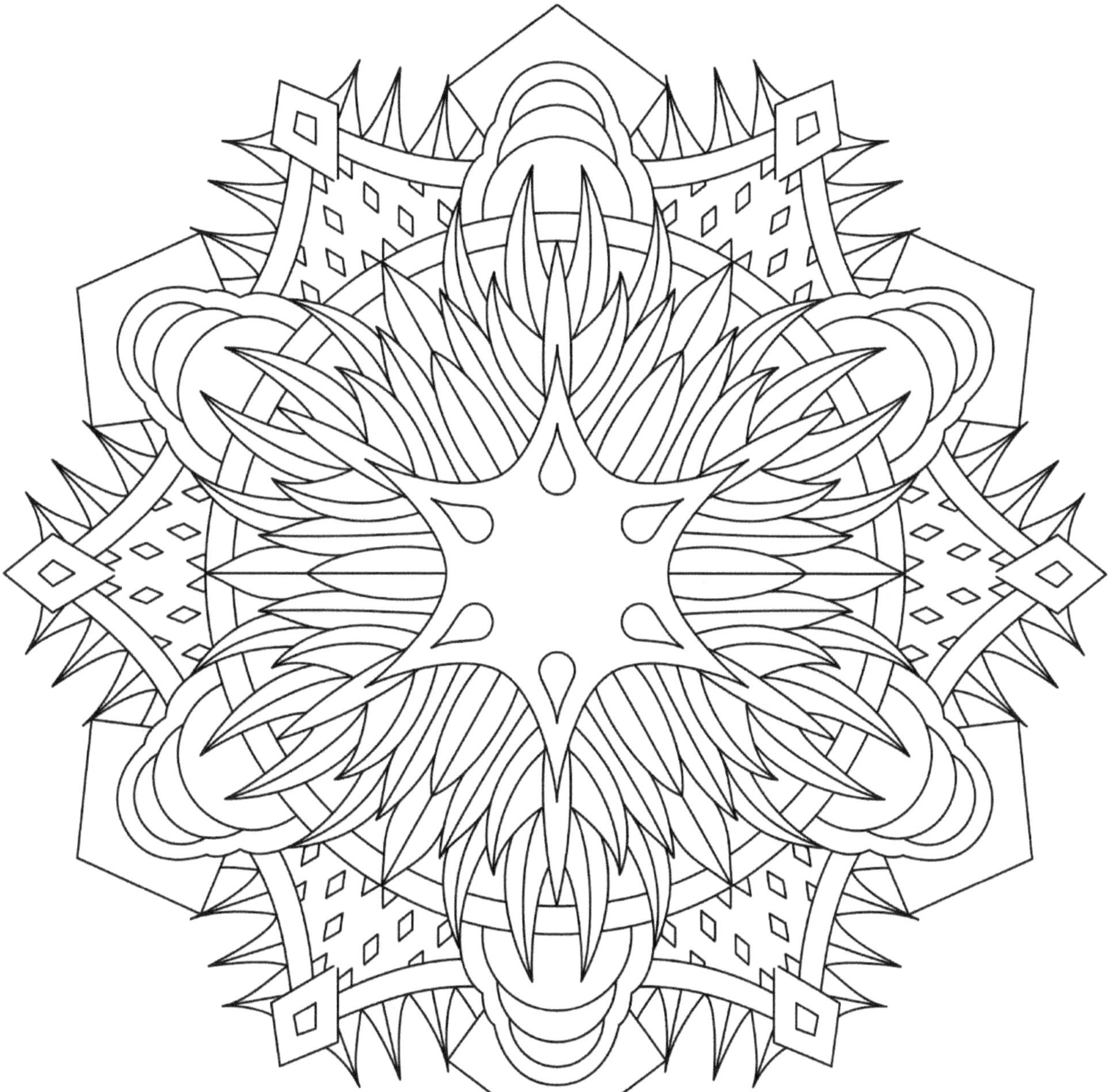

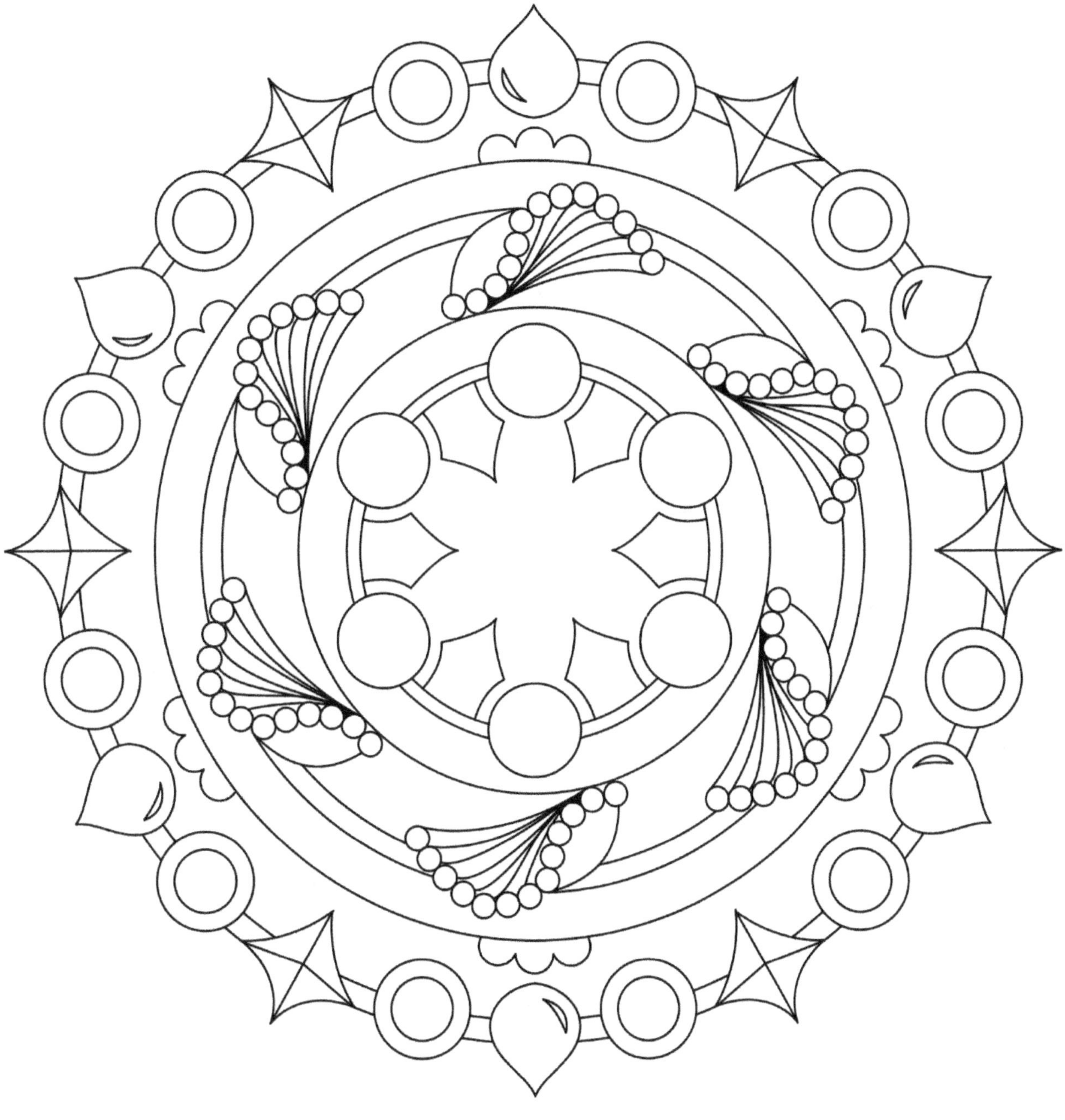

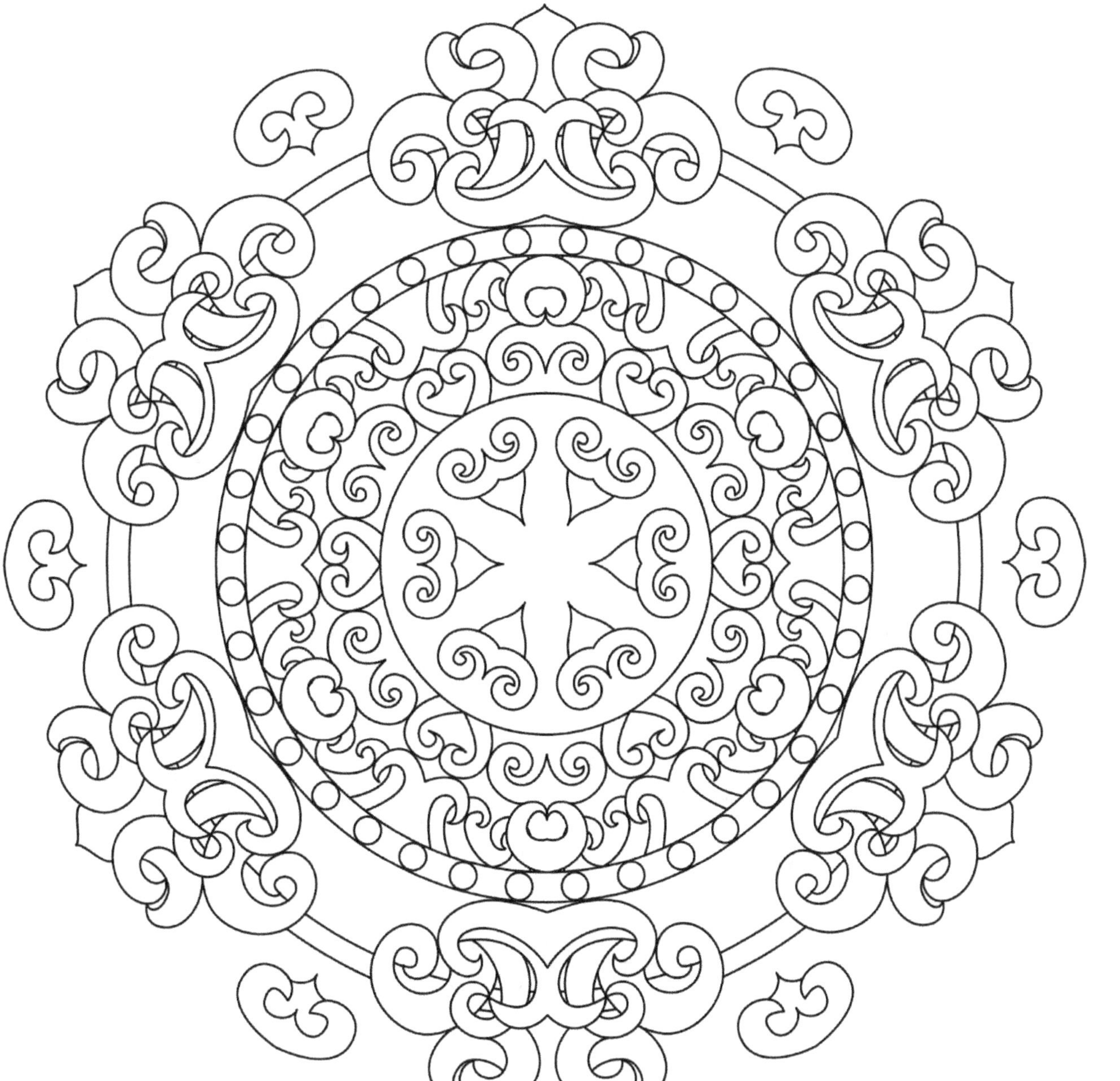

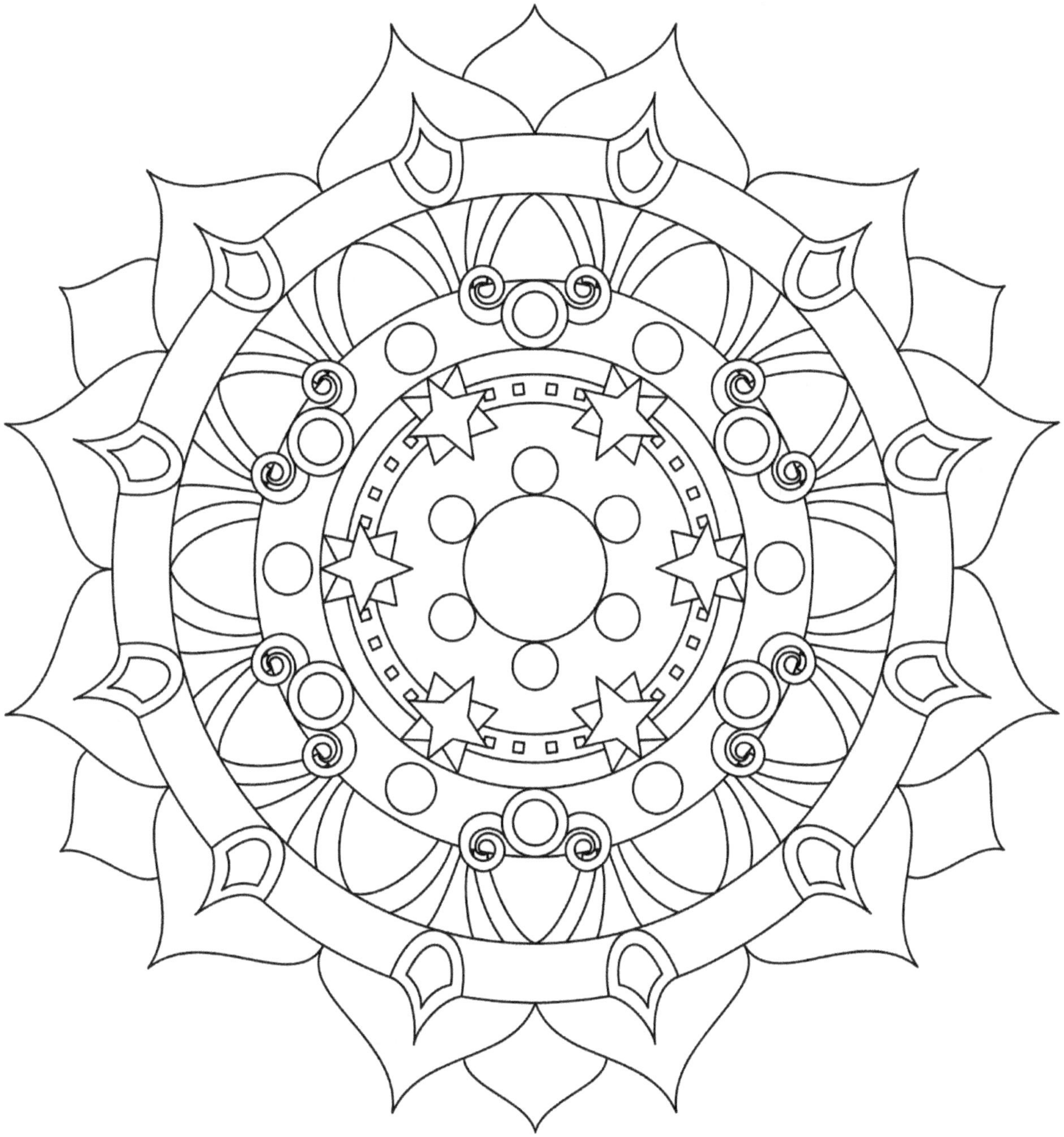

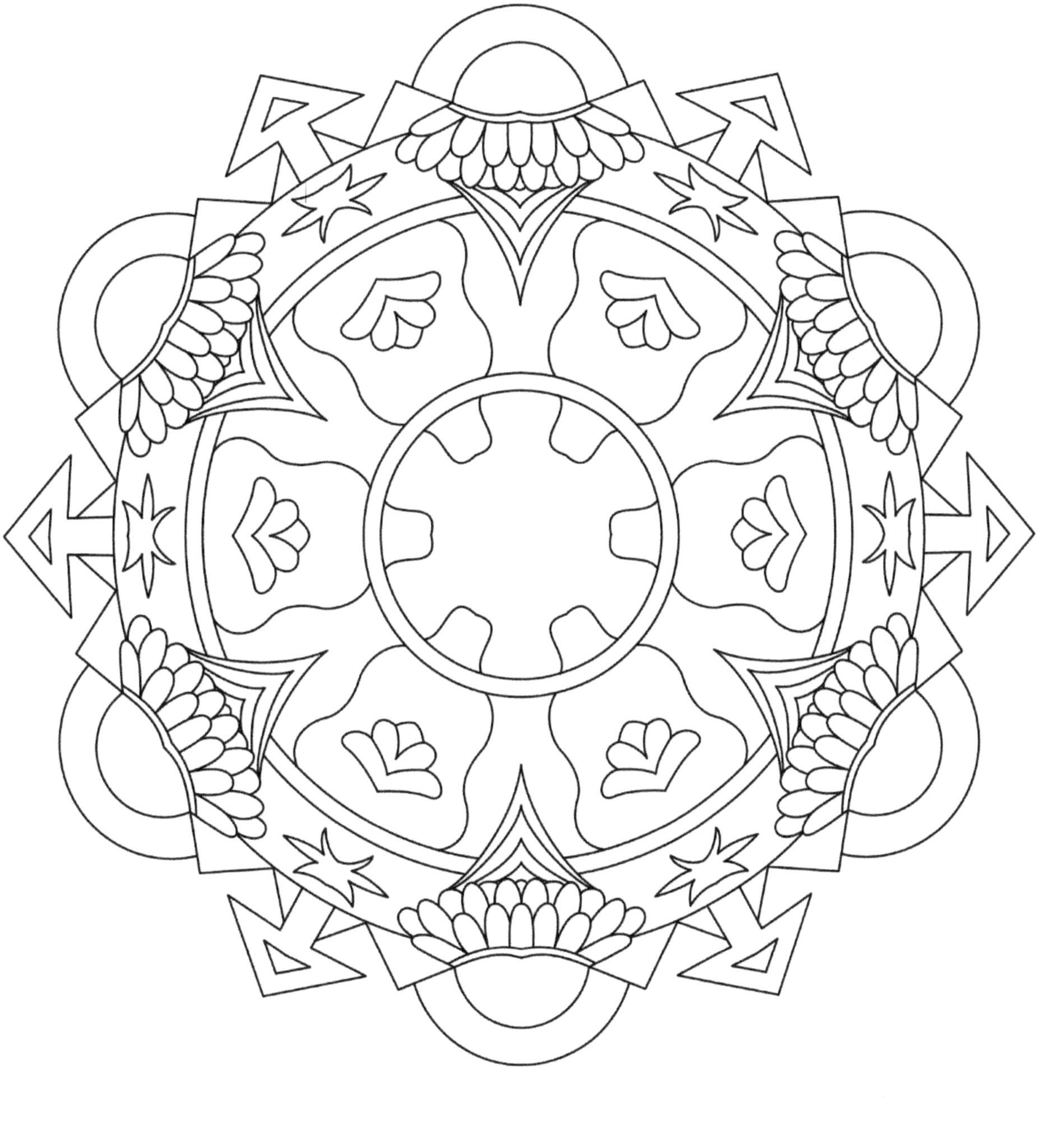

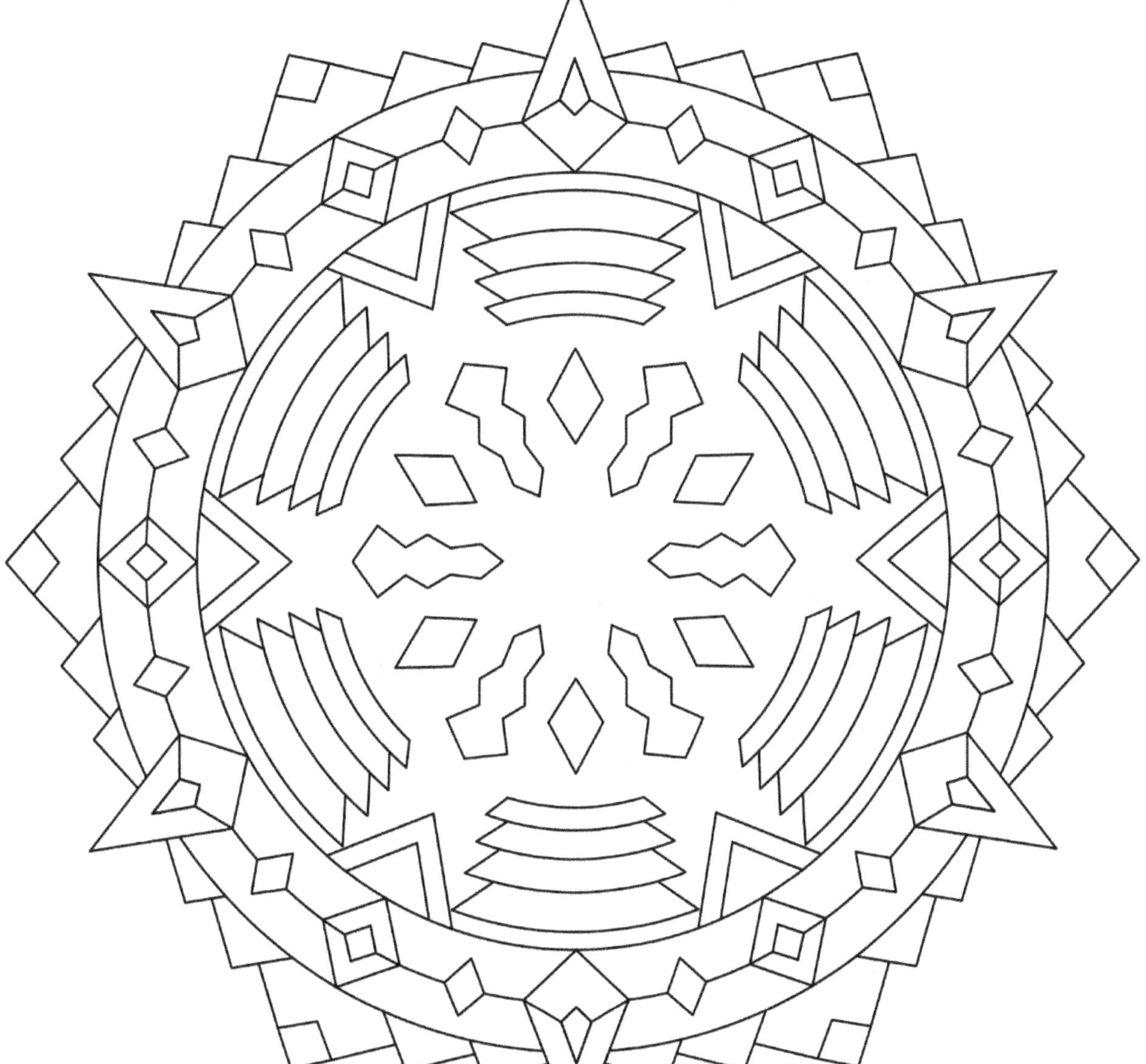

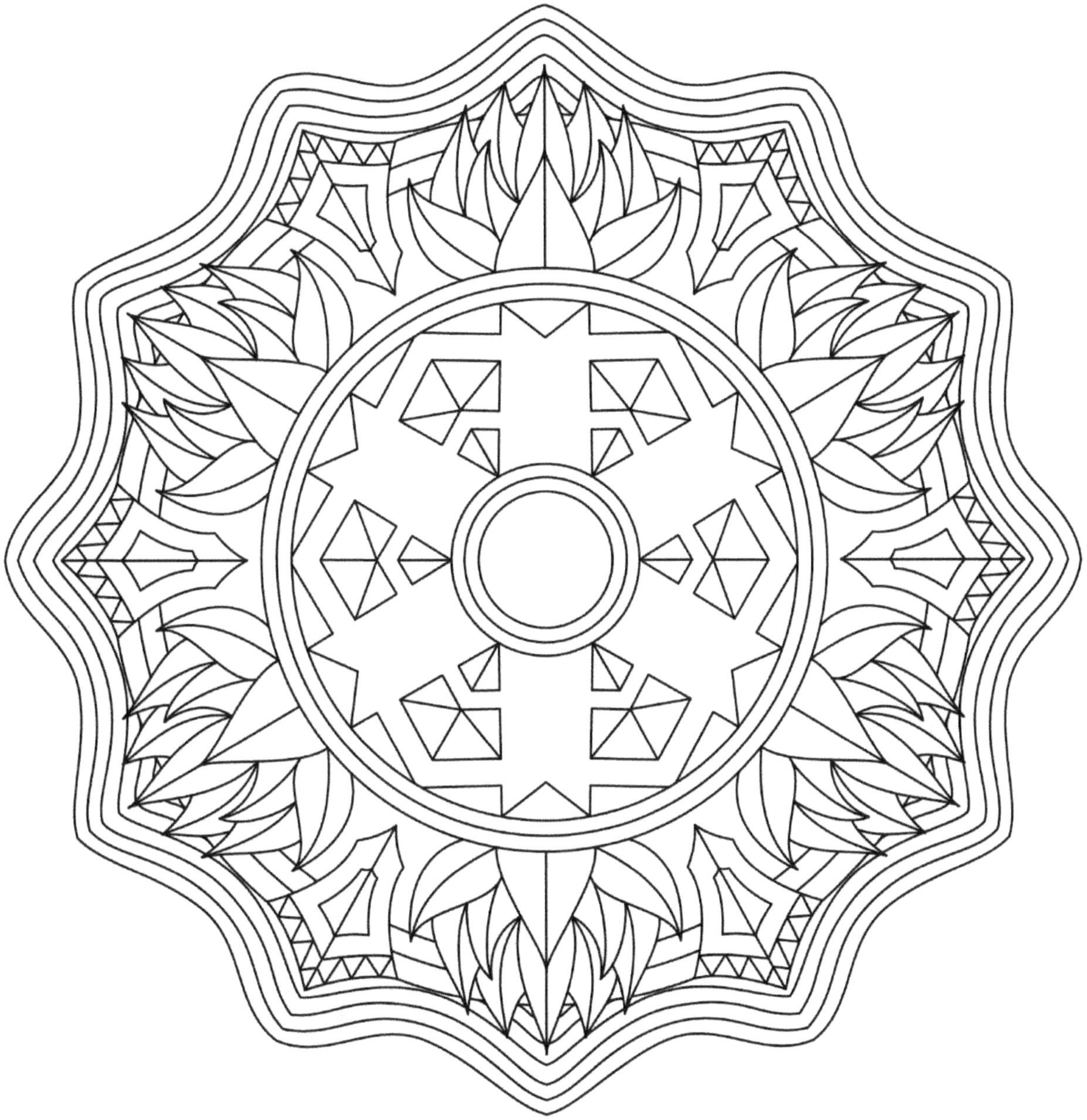

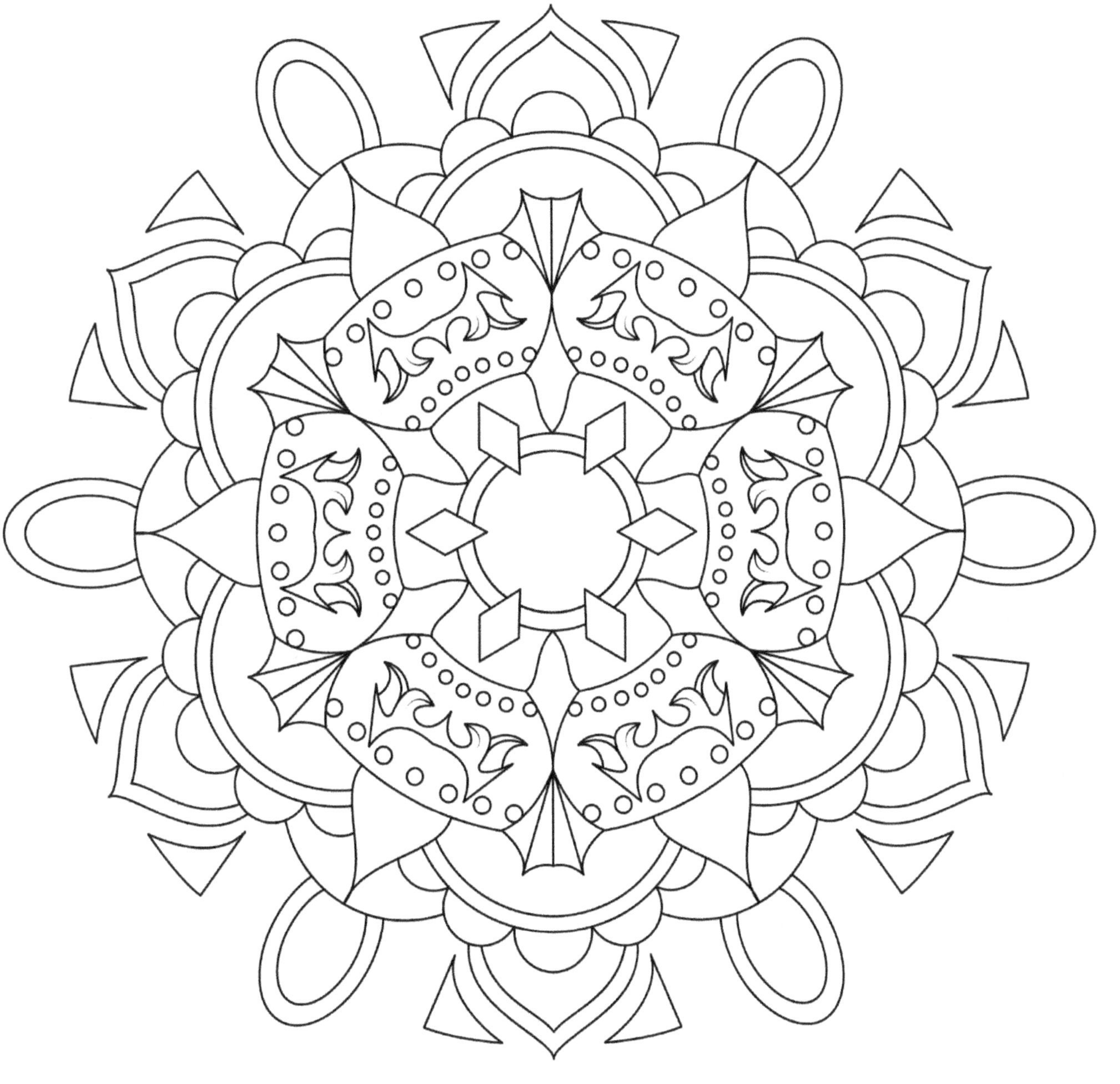

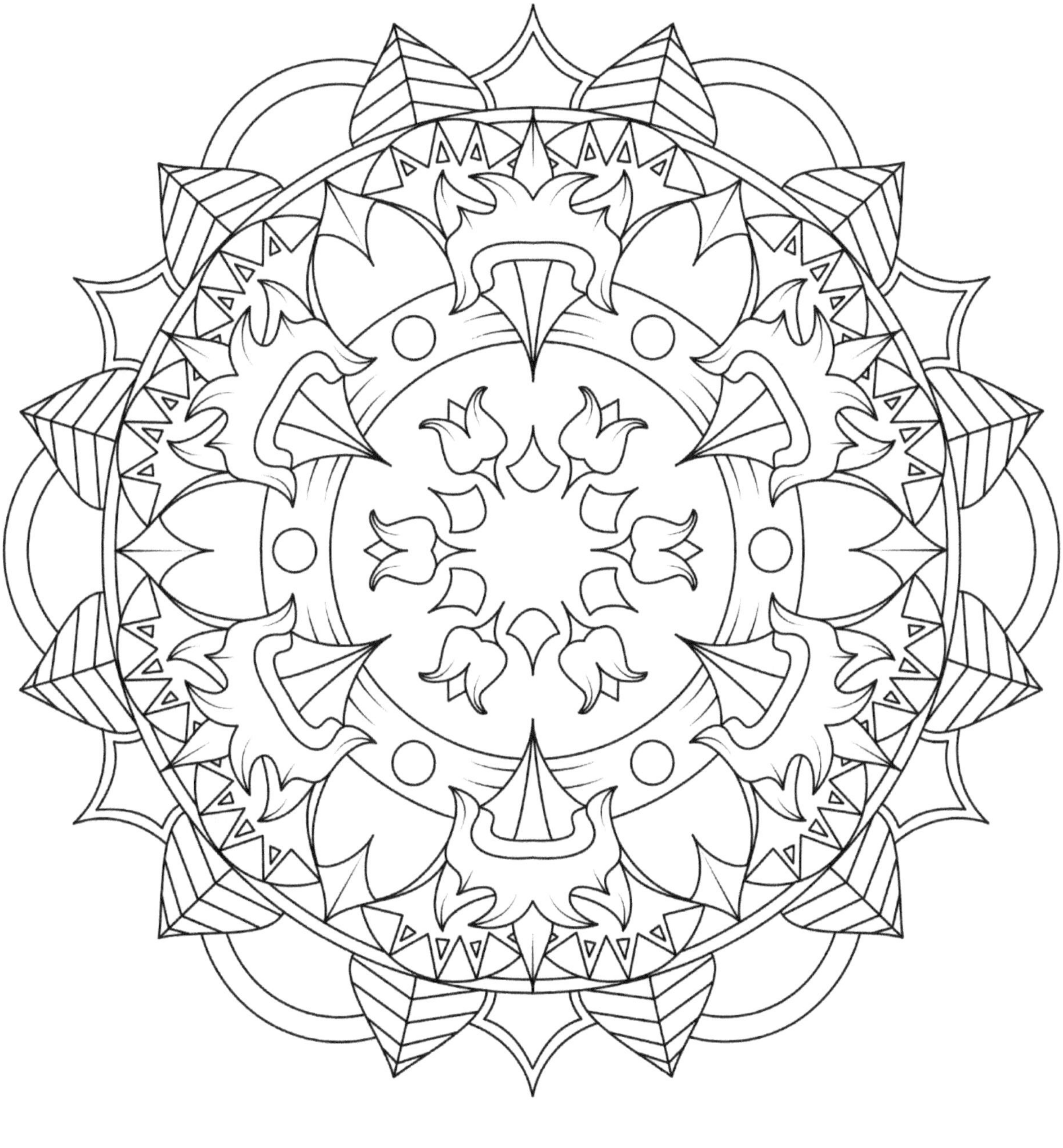

www.ingramcontent.com/pod-product-compliance
Lightning Source LLC
Chambersburg PA
CBHW080855220526
45467CB00008B/2512
* 9 7 8 1 7 1 7 2 8 6 0 6 2 *